DES

CRISES COMMERCIALES

ET

DE LEUR RETOUR PÉRIODIQUE

EN FRANCE, EN ANGLETERRE ET AUX ÉTATS-UNIS

PAR

LE Dr CLÉMENT JUGLAR

MEMBRE DES SOCIÉTÉS D'ÉCONOMIE POLITIQUE ET DE STATISTIQUE DE PARIS

OUVRAGE COURONNÉ PAR L'INSTITUT

ACADÉMIE DES SCIENCES MORALES ET POLITIQUES

Le développement régulier de la richesse des nations n'a pas lieu sans douleur et sans résistance. Dans les crises, tout s'arrête pour un temps, le corps social paraît paralysé ; mais ce n'est qu'une torpeur passagère, prélude de plus belles destinées. En un mot, c'est une liquidation générale.

PARIS

GUILLAUMIN ET Cie, LIBRAIRES-ÉDITEURS

14, RUE DE RICHELIEU, 14

1862

DES

CRISES COMMERCIALES

PARIS. — IMP. SIMON RAÇON ET COMP., RUE D'ERFURTH, 1.

DES

CRISES COMMERCIALES

ET

DE LEUR RETOUR PÉRIODIQUE

EN FRANCE, EN ANGLETERRE ET AUX ÉTATS-UNIS

PAR

LE Dr CLÉMENT JUGLAR

MEMBRE DES SOCIÉTÉS D'ÉCONOMIE POLITIQUE ET DE STATISTIQUE DE PARIS

OUVRAGE COURONNÉ PAR L'INSTITUT

(ACADÉMIE DES SCIENCES MORALES ET POLITIQUES)

Le développement régulier de la richesse des nations n'a pas lieu sans douleur et sans résistance. Dans les crises, tout s'arrête pour un temps, le corps social paraît paralysé; mais ce n'est qu'une torpeur passagère, prélude des plus belles destinées. En un mot, c'est une liquidation générale.

PARIS

GUILLAUMIN ET Cie, LIBRAIRES-ÉDITEURS

14, RUE DE RICHELIEU, 14

1862

INTRODUCTION

Les recherches qui suivent, remontant déjà à une époque éloignée, nous devons peut-être indiquer dans quelles circonstances elles ont été entreprises et comment on a été amené à observer et à signaler ces oscillations si remarquables, qui étonnent au premier abord et paraîtraient fortuites, si, par leur retour périodique en France, en Angleterre, aux États-Unis, elles ne recevaient une éclatante confirmation.

Dans une étude sur le développement de la population en France[1], et surtout sur le mouvement des mariages, des naissances et des décès, notre attention avait été éveillée par les variations si considérables que l'on observe

[1] *Journal des Économistes*, octobre-décembre 1851, janvier-juin 1852.

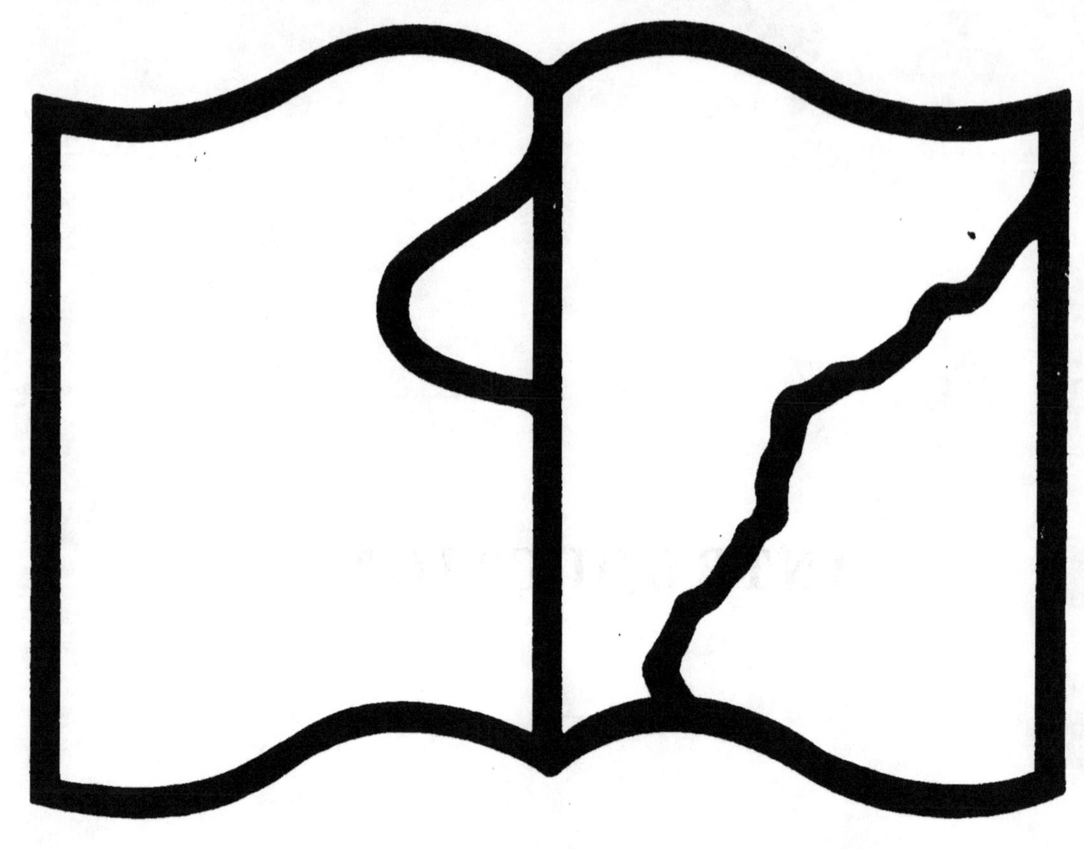

Texte détérioré — reliure défectueuse

NF Z 43-120-11

dans les diverses années heureuses ou malheureuses, d'abondance ou de disette. Nous avions bien reconnu ce qui déjà avait été indiqué, l'influence fâcheuse de la disette, des guerres, des épidémies; mais nous voulions nous assurer s'il n'y aurait pas dans le mouvement des affaires et dans les transactions commerciales une nouvelle cause, bienfaisante ou funeste, qui, s'enchaînant avec les précédentes, se combinait avec elles pour les aggraver encore par une fatale coïncidence.

Quelques réflexions suffirent pour nous convaincre que le développement des escomptes de la Banque de France nous donnerait le tableau le plus fidèle et le plus exact de ce mouvement. Le dépouillement des comptes rendus annuels depuis 1800 nous découvrit alors, dans toute son évidence, la succession des périodes de prospérité et de crise dont se compose la vie des peuples.

Un premier travail parut en 1856 dans l'Annuaire de l'économie politique. A la veille de la crise (avril et mai 1857), six mois avant qu'elle n'éclatât, une étude plus étendue, dont M. Passy voulut bien entretenir l'Académie des sciences morales et politiques, fut publiée dans le *Journal des économistes*, alors que la conclusion de la paix à la suite de la guerre de Crimée faisait espérer une renaissance des affaires et promettait une activité commerciale et industrielle supérieure à tout ce qui avait précédé.

La spéculation à la Bourse, escomptant cet avenir, avait porté le 3 pour 100 de 61 fr. 15 cent. à 75 fr.

75 cent. L'année n'était pas écoulée que toutes les prévisions déduites de ce qu'on avait observé aux époques antérieures se réalisaient : le 3 pour 100, à la veille du coupon, était coté 66 fr. 35 cent. (novembre 1857).

La démonstration paraissait complète pour la France, il fallait généraliser. En novembre 1857, la situation comparée des banques de France et d'Angleterre [illegible] dans le *Journal des économistes*, établissait une concordance parfaite : les dernières recherches permettent d'y joindre les États-Unis, c'est-à-dire les trois grands pays de commerce et de l'industrie.

Les travaux les plus considérables ont été entrepris sur les banques en France, en Angleterre et en Allemagne, par les hommes qui ont le plus d'autorité dans ces matières. Tous en reconnaissant que les crises commerciales ne sont pas un fait contemporain, mais le résultat d'altérations profondes dans le mouvement du crédit et dans les fonctions productives de la société, plus préoccupés de l'époque où ils écrivaient, ont cherché à expliquer, par des causes toutes spéciales et particulières aux circonstances générales, l'origine et la nature des crises. A toutes les époques, on a pris l'événement dominant du moment pour la cause de tout le mal. Tantôt c'était une perturbation intérieure ou extérieure; et puis il était si commode d'accuser la mauvaise constitution des banques de circulation et notamment la limite artificielle qu'elles imposent à leurs opérations en les faisant dépendre de l'encaisse métallique. On aimait à oublier que la condition essentielle de la circulation, c'est la *disponibilité monétaire* que rien ne peut *remplacer*. D'ailleurs les banques subissent les crises et ne les produisent pas; supprimer l'obligation de rembourser les billets à présentation en numéraire métallique, c'est amener dans un temps très-court leur inévitable dépré- [illegible] expérience a été faite en France, en Angleterre, aux Etats-Unis, partout elle a été concluante. Quant au crédit, il offrait jadis d'insuffisantes ressources, et il amenait des perturbations sérieuses pour des causes peu graves. Aujourd'hui il a pris une extension considérable, aussi les transactions dont il est l'objet présentent-elles une surface plus vulnérable, et quand elles sont troublées elles amènent une crise plus étendue.

On a cherché, surtout en Angleterre, à rendre la circulation fixe, pour ainsi dire, ou ne variant que dans de très-étroites limites, dans les mêmes proportions que la réserve métallique, et cette savante combinaison, à laquelle on a tout sacrifié, a produit l'acte de 1844, le régulateur de la banque d'Angleterre. Malheureusement, loin de prévenir aucune des commotions commerciales en vue desquelles on l'avait institué, on a dû le suspendre chaque fois que les circonstances devenaient critiques, en sorte qu'il ne fonctionne que quand son action est nulle : semblable à un frein au repos dont la moindre pression, loin de modérer le mouvement, menace de tout faire éclater.

On s'explique difficilement comment des hommes

comme MM. John Francis, Mac Culloch, Newmark, Mac Leod, Tooke, négligeant les liens qui établissent leurs relations, n'ont pas insisté sur le retour périodique des crises commerciales dans des circonstances semblables aux diverses époques, au lieu de faire une étude isolée de chacune d'elles. Ces circonstances sont tellement caractérisées et si constantes, qu'on peut dire qu'elles sont fondamentales et que sans elles il n'y a pas de crise. Nous ne pouvons attribuer cette lacune qu'aux difficultés de se procurer les documents officiels des opérations des banques, car les auteurs anglais n'en citent qu'un petit nombre. Les documents sous leurs yeux, ils auraient reconnu de suite l'enchaînement des périodes et n'auraient attribué aux événements qu'une part relative, comme celle de la dernière goutte d'eau qui, selon qu'elle tombe un peu plus tôt ou un peu plus tard, fait déborder un bassin déjà plein.

Les mêmes influences ont dû produire les mêmes résultats dans tous les temps malgré le peu d'extension du crédit aux époques antérieures; la prospérité et la détresse des nations dépendaient des mêmes oscillations du commerce intérieur et extérieur et de leur développement plus ou moins rapide : comme de nos jours elles cherchaient un remède et un soulagement à leur malaise dans des révolutions intérieures, tout au moins une distraction et un écoulement du trop-plein de la population dans des guerres extérieures, avec toutes leurs dévorantes conséquences. La grande crise de 1789, après les belles années du commencement du règne de Louis XVI, en serait un des derniers exemples, si nous n'avions eu depuis, 1799, 1815, 1830 et 1848.

C'est surtout dans ces moments, attristé par la ruine de quelques-uns et la gêne de tous, que l'on s'efforce de chercher des remèdes pour prévenir le retour de pareils accidents, car, la liquidation terminée, on ne songe plus à un retour inévitable; on ne le croit même pas possible. Sans se préoccuper de la situation générale et de la prospérité des années qui ont précédé, on croit pouvoir, par des moyens artificiels, lois, règlements, restrictions, monopole ou liberté, trouver le moyen de les supprimer. Tour à tour on a proposé, selon l'impression du moment, soit le doublement du capital de garantie, soit la libre émission des billets avec suspension des remboursements, soit la facilité, la fixité même du taux de l'escompte. Tout a été préconisé, essayé sans pouvoir apporter aucun obstacle; souvent même, loin de détourner le mal en contrariant ou en soutenant la marche des affaires, on retardait l'explosion pour la rendre plus terrible.

A la suite de ces bouleversements périodiques, précédés d'une série de belles et heureuses années, on est toujours surpris du développement des sociétés, de leur activité et de leur puissance.

Les époques de renaissance et de décadence nous offrent dans les arts quelque chose d'analogue. On les observe aussi à toutes les époques, chez tous les peuples et dans tous les styles, avec cette différence, toutefois, que si, par un procédé graphique usité en statistique, on veut les représenter par les ondulations d'une ligne, on observe que les sommets de l'art vont s'abaissant toujours, tandis que ceux du commerce et de l'industrie s'élèvent sans cesse dans des proportions telles qu'aujourd'hui le monde entier leur sert de base.

Nous ne nous dissimulons pas, malgré notre confiance dans les principes de liberté qu'enseigne l'économie politique, leur impuissance pour prévenir complétement ces ébranlements intermittents suivis d'une espèce de léthargie, d'où doit sortir une nouvelle phase plus brillante que les précédentes.

Les crises, comme les maladies, paraissent une des conditions de l'existence des sociétés où le commerce et l'industrie dominent. On peut les prévoir, les adoucir, s'en préserver jusqu'à un certain point, faciliter la reprise des affaires; mais les supprimer, c'est ce que jusqu'ici, malgré les combinaisons les plus diverses, il n'a été donné à personne. Proposer un remède à notre tour, quand nous reconnaissions le peu d'efficacité de ceux des autres, n'était pas possible, d'autant que leur évolution naturelle rétablit l'équilibre et prépare un sol ferme sur lequel on peut s'appuyer sans crainte pour parcourir une nouvelle période.

Ce fut en mai 1860 que l'Académie mit au concours l'étude des causes des crises commerciales, en la généralisant et l'étendant à l'Europe et l'Amérique du Nord durant le dix-neuvième siècle.

Pour traiter et résoudre la question, il fallait se procurer les documents officiels, c'était la difficulté. Les rapports au parlement anglais ont fourni presque tout ce que l'on pouvait désirer, comme chiffres, à un jour donné, sauf plusieurs relevés annuels et un compte rendu de l'année résumant les principales opérations, comme ceux publiés par la Banque de France. Malgré l'extrême obligeance de M. Michel Chevalier, qui a bien voulu écrire à un de ses amis, directeur de la Banque d'Angleterre, nous n'avons pu rien obtenir.

Pour les États-Unis, nous devons à la complaisance bien connue de M. Legoyt, directeur de la statistique générale de la France, la communication des documents les plus précieux, entre autres le rapport présenté au congrès sur la crise de 1857.

Les autres publications officielles, mises à notre disposition par M. Wattemare et M. Bailly, à l'hôtel de ville, avec un empressement et une complaisance que notre reconnaissance nous oblige à signaler ici, nous ont permis de donner sur la situation des banques des documents épars, difficiles à réunir et encore inédits pour la plupart. Il est regrettable que les publications officielles se bornent à donner la situation des banques fin décembre, sans aucun détail sur les opérations de l'année entière.

Enfin, pour la France, outre les publications de la Banque, M. le comte de Germiny, M. Gauthier, M. Marsaud, ont bien voulu nous communiquer les résultats inédits qui nous paraissaient intéressants, qu'il nous soit permis de leur adresser tous nos remercîments et de leur témoigner toute notre gratitude. De même MM. Barbier, De Manne, Desmarets, Miller, Pilon, aux bibliothèques du Louvre, de la Chambre du commerce de la rue de Richelieu et du Corps législatif, ont singulièrement facilité nos recherches en nous permettant de consulter des collections qu'on ne pouvait se procurer ailleurs.

Ces matériaux recueillis, nous les avons rapprochés, et notre attente n'a pas été trompée quand, à notre satisfaction, nous avons pu constater qu'ils concordaient parfaitement. L'Allemagne seule ne nous a rien offert sur une assez longue période; nous n'avons pu utiliser que les publications les plus récentes sur Hambourg et la banque de Prusse.

Ainsi, ce qui d'abord ne paraissait que l'accessoire, est devenu la partie principale et dominante. Les opérations des banques, l'*extension* et la *contraction* des *escomptes*, l'*abondance* et la *rareté* du *numéraire*, *malgré* une *importation* de 3 *milliards en or* dans la *dernière période*, ont entraîné comme conséquence les modifications profondes que l'on observe dans les mouvements de la population, dans le commerce, importations et exportations, dans les revenus, impôts directs et indirects, enfin dans le crédit public, assez bien représenté par les cours des valeurs de l'État à la Bourse. De sorte que tout marche solidaire, soumis aux mêmes influences, et comme obéissant à la même puissance d'expansion et de retrait.

Les mauvaises récoltes, la cherté des céréales, les disettes, par leur retour périodique se rencontrent assez souvent dans notre pays avec l'engorgement du portefeuille des banques, et apportent une nouvelle complication à une situation déjà mauvaise : leur présence n'est cependant pas indispensable pour produire une crise commerciale; nous en avons la preuve en observant ce qui se passe en Amérique, où, malgré le bas prix des céréales, le développement des escomptes, l'abus du crédit porté à un certain degré, les fait éclater un peu plus tôt qu'en Europe, la situation des deux côtés étant aussi embarrassée.

Si la disette se rencontre avec le trop-plein des portefeuilles, la crise sera plus grave sans doute, mais ce ne sera toujours qu'un accident, cause de troubles d'autant plus grands, que, la pyramide du crédit se trouvant renversée, à la moindre nouvelle secousse tout s'affaisse et croule. La dépression du portefeuille indique bien si la liquidation a été radicale et profonde, et dans ce cas on peut promettre une reprise active et durable des affaires. Si, au contraire, il n'y a qu'un temps d'arrêt, légère diminution des escomptes, une demi-liquidation en un mot, on se relève un peu, mais pour retomber bientôt (1857-1862).

Une guerre à l'étranger (guerre de Crimée et d'Italie), un grand débouché fermé à l'importation et à l'exportation (guerre d'Amérique), peuvent entraîner un malaise, une gêne, dans un certain nombre d'industries, mais ne peuvent produire une crise commerciale, elles y *prédisposent* ou *donnent le dernier coup*, et la preuve, c'est qu'en France et en Angleterre les années 1854 et 1855 furent les plus belles de la période. En France, en 1860, malgré le blocus des ports des États du Sud, le chiffre total en quintaux métriques des importations et des exportations a dépassé celui des années antérieures. En Angleterre, le total des exportations, qui s'élevait à 135 millions livr. st. en 1860, est tombé à 125 millions en 1861, somme encore de 3 millions supérieure à tous les *maxima* antérieurs, baissant seulement de 10 millions, pendant que les embarras du marché américain leur faisait perdre 12 millions.

Les traités de commerce n'ont aussi qu'une action secondaire, car en Angleterre, malgré le débouché français, on se plaint autant que de ce côté du détroit.

L'*exagération* du *commerce intérieur* et *extérieur* à des *prix enflés* par la *spéculation* et non aux *prix naturels*, voilà une des principales causes de tous les embarras pour la vente des produits. Le dernier détenteur ne pouvant les écouler à un prix supérieur, tous les échanges s'arrêtent; la marchandise offerte, la baisse est rapide de 25 à 30 pour 100 en quelques mois, effaçant ainsi en un instant la hausse de plusieurs années.

Le *Mémoire* couronné par l'Institut a été revu avec soin et sans rien changer quant au fond et aux conclusions; on a donné quelques développements surtout pour les trois dernières périodes de 1840 à 1862.

Les comptes rendus mensuels et hebdomadaires des Banques de France et d'Angleterre ont fourni le moyen de suivre, presque mois par mois, la marche des crises et des liquidations. Dans une seconde partie, nous avons complété ce travail en indiquant les mouvements de la population, des douanes, des revenus publics directs et indirects, le cours des fonds publics et la situation du Trésor.

Nous réclamons l'indulgence du lecteur pour tous les chiffres qui se trouvent dans le texte. En nous appuyant non-seulement sur des relevés statistiques, mais sur des grands nombres, sur des longues périodes, et dans trois grands pays, nous pensons avoir rempli beaucoup mieux que par des assertions toujours discutables les principales conditions d'une démonstration scientifique. Ce n'est que par une lecture attentive, et en consultant souvent les tableaux généraux, que l'on se pénétrera du mécanisme des crises, de leur développement, de leur explosion et de leur liquidation.

La répétition constante des mêmes accidents donne une monotonie réelle à notre historique : nous sommes forcé de passer successivement et toujours par les mêmes phases, non sans causer un certain ennui à l'esprit qui aime la variété et toujours avide de nouveautés; n'est-ce pas cependant la meilleure confirmation de ce que nous voulions démontrer? Nous aurions pu ajouter quelques détails sur le rôle des principaux personnages, banquiers et financiers, pour animer notre récit, mais c'eût été nous distraire et nous détourner de notre but.

Le renouvellement et la succession des mêmes faits, dans des *circonstances spéciales*, dans tous les *temps*, dans tous les *pays* et sous tous les *régimes*[1], voilà ce qu'il fallait faire remarquer. On nous pardonnera de n'avoir pas répandu plus de charme dans notre récit, si les chiffres, malgré leur aridité, mais aussi avec leur précision et leur éloquence, ont été nos meilleurs interprètes.

ACADÉMIE DES SCIENCES MORALES ET POLITIQUES

RAPPORT FAIT PAR M. WOLOWSKI, AU NOM DE LA SECTION D'ÉCONOMIE POLITIQUE, SUR LE CONCOURS POUR LE PRIX DE LA FONDATION BORDIN, A DÉCERNER EN 1861, ET DONT LE SUJET ÉTAIT :

« Rechercher les causes et signaler les effets des crises commerciales survenues en Europe et dans l'Amérique du Nord durant le cours du dix-neuvième siècle.

Ces crises ont été fréquentes à toutes les époques; mais, à mesure que les relations commerciales ont acquis de nouveaux développements, leur action perturbatrice s'est étendue de proche en proche sur un plus grand nombre de points. Les recherches devront porter principalement

[1] Liberté complète des banques aux États-Unis, liberté et monopole en Angleterre et en Écosse, monopole en France.

sur celles de ces crises qui ont entraîné les commotions les plus générales. »

Le mémoire inscrit sous le numéro 2 ayant pour épigraphe : « Le développement régulier de la richesse des nations n'a pas lieu sans douleurs et sans résistances. Dans les crises, tout s'arrête pour un temps, le corps social paraît paralysé; mais ce n'est qu'une torpeur passagère, prélude de plus belles destinées. En un mot, c'est une liquidation générale » (page 47 du manuscrit, deuxième partie), est moins ambitieux dans ses visées et plus satisfaisant dans ses résultats. L'auteur de ce mémoire croit plus à l'influence d'une direction prudente donnée aux banques qu'à l'utilité d'une nouvelle organisation. Dans son savant et judicieux travail, il a retracé l'histoire complète, faite sur les documents officiels, des perturbations commerciales en Angleterre, en France, aux États-Unis, à Hambourg, depuis le commencement du siècle jusqu'en 1857. Les faits accomplis révèlent d'eux-mêmes la nature et l'intensité des crises, leur marche et la manière dont elles se terminent. L'auteur parvient ainsi à en constater et à en spécifier les causes fondamentales, qu'il distingue bien des causes occasionnelles. La méthode d'observation sévèrement appliquée lui fournit le moyen d'arriver au principe véritable et constant du mal, en lui faisant retrouver les mêmes faits dans les mêmes circonstances.

L'auteur examine avec une attention scrupuleuse les points capitaux suivants :

Le développement de l'escompte et des avances;

La situation de la réserve métallique;

La circulation des billets;

Les dépôts en comptes-courants.

Ce sont surtout les indications fournies par le développement des escomptes et par l'état de l'encaisse dont il se sert pour déterminer les fondements des crises. D'après les tableaux synoptiques que l'auteur a dressés avec une grande précision, on saisit clairement les signes précurseurs des perturbations commerciales. L'extension de la spéculation amène la hausse des prix et des salaires; le luxe se propage; on règle la dépense non sur l'accroissement des revenus, mais sur l'augmentation du cours nominal des valeurs. Le développement exagéré des escomptes et la diminution des réserves métalliques précèdent les crises, de même que la diminution des escomptes et l'abondance de l'encaisse en marquent la guérison. Les périodes croissantes et décroissantes se suivent avec une grande régularité dans les divers tableaux annexés au mémoire numéro 2, et l'auteur, sans en tirer une loi nouvelle, y voit plus qu'une coïncidence. Le retour régulier des crises commerciales lui semble une des conditions du développement de la grande industrie. On peut en atténuer les effets, mais on ne saurait les prévenir complétement. Dans cette partie intéressante de son mémoire, l'auteur fait ressortir, comme une cause naturelle qui agit en quelque sorte périodiquement, l'excès de la production.

Dans de nombreux tableaux habilement dressés, qui enrichissent le mémoire numéro 2, l'auteur a résumé, en ce qui concerne les oscillations des banques, des faits constamment en harmonie avec le mouvement des douanes, le prix moyen des céréales, la marche de la population et le cours des fonds publics. Observateur exact, il se tient en garde contre toute conclusion trop absolue, il est trop prévoyant pour présenter quelque spécifique extraordinaire; il préfère invoquer l'expérience et stimuler l'activité intelligente de ceux auxquels est confiée la direction des institutions de crédit. Il ne propose point des modifications dangereuses à la constitution des banques, et il ne s'aventure pas à demander au crédit des secours impossibles. C'est beaucoup que de connaître le siége du mal à l'aide d'une observation sagace, et de grouper, au moyen d'une méthode ingénieuse, des documents d'une valeur incontestable.

L'Académie adopte les conclusions de la section. Le billet annexé au mémoire numéro 2 est décacheté et fait connaître, comme en étant l'auteur, M. Clément Juglar, auquel le prix est décerné et dont le nom sera proclamé dans la prochaine séance publique.

DES

CRISES COMMERCIALES

Rechercher les causes et signaler les effets des crises commerciales survenues en Europe et dans l'Amérique du Nord durant le cours du XIXe siècle.

Texte de la question posée par l'Académie des sciences morales et politiques.

Étudier et rechercher la nature et l'origine des causes de tout ce qui nous entoure et nous touche le plus directement présente toujours les plus grandes difficultés, parce que solidaires, liés comme nous le sommes à tant d'accidents, dépendants ou indépendants de notre volonté, nous subissons les influences les plus contraires et les plus variées, et quand nous essayons de préciser les causes déterminantes, une foule de causes occasionnelles nous assiégent, troublent la vue et nous donnent le change, nous faisant souvent prendre l'accident pour le principe même du mal.

Le véritable critérium des causes, c'est de les voir, dans des circonstances semblables, reproduire les mêmes effets, particularité malheureusement assez rare dans les phénomènes sociaux et dans tout ce qui touche à la vie. Dans cette incertitude, on invoque tour à tour les causes les plus contraires pour se rendre compte des mêmes effets. On est surpris de la légèreté, de la facilité avec laquelle l'esprit humain accepte tout ce qu'on lui propose; tellement il est avide de savoir, de se rendre compte, et, quand il ne trouve rien de mieux, combien facilement il se paye de mots. La multiplicité même des causes que l'on invoque le plus souvent suffit, il nous semble, pour prouver leur peu d'efficacité, puisque, alors qu'une seule devrait suffire, on en accumule un grand nombre, de sorte que, comme elles ne sont pas toujours réunies pour produire le même effet, on peut aussi rigoureusement conclure, en les éliminant une à une, qu'aucune n'est cause déterminante, pas même secondaire, puisque sa présence n'est pas indispensable pour produire le résultat attendu.

Il y a donc un état antérieur qu'il faut étudier avec soin, et en l'absence duquel les causes que l'on croirait les plus puissantes sont sans action. C'est ce qu'en médecine on appelle la prédisposition : le froid, par exemple, est la cause de beaucoup de maladies : chez l'un d'un rhumatisme, chez l'autre d'une pneumonie, chez un troisième d'une pleurésie. La cause restant la même, le résultat est tout différent. C'est la prédisposition locale qui fait pencher la balance dans un sens ou dans un autre, et la preuve, c'est qu'en son absence le froid ne produit aucune maladie sur le même individu. Il en sera de même pour les crises; nous nous attacherons à déterminer quelles sont les circonstances dans lesquelles elles se développent, et les causes à la suite desquelles elles éclatent. Mais nous insisterons surtout sur les conditions indispensables à leur existence, sur les phénomènes constants que l'on observe alors en dehors des causes si diverses, si variées, que l'on invoque selon le besoin du moment.

Quand on examine les comptes rendus officiels de la situation des banques de France, d'Angleterre, des États-Unis, on ne tarde pas à reconnaître, au milieu des divisions nombreuses de leur actif et de leur passif, quelques chapitres dignes de la plus grande attention.

Ce sont :

1° Le développement des escomptes et des avances;

2° La réserve métallique;

3° La circulation;

4° Les dépôts et comptes courants.

Les deux premiers surtout présentent une marche tellement identique et régulière dans les périodes de crise et de prospérité, qu'ils devront nous servir de guide pour les reconnaître et les distinguer, et avant même que l'on signale les causes traditionnelles, nous indiquer si le danger est proche ou éloigné. Les deux derniers chapitres, la circulation et les dépôts, ne présentent pas la même régularité, leurs oscillations n'ont pas le même caractère; leurs écarts, beaucoup moins considérables, peuvent se manifester en l'absence des crises, par suite de quelques besoins particuliers et locaux, sans influer sur la marche générale des affaires. Ainsi, en 1857, les dépôts augmentent à la banque d'Angleterre au même moment où ils baissent en Amérique.

Pour donner toute la rigueur possible à notre démonstration, nous tâcherons de prouver que pour les escomptes et la réserve métallique, les mêmes phénomènes s'observent en France, en Angleterre, à Hambourg, aux États-Unis, en Europe et en Amérique. Ce sera là pour nous la pierre de touche, le véritable critérium des crises.

De nombreuses lacunes dans les documents officiels nous empêcheront seules de donner une démonstration aussi complète que nous l'aurions désiré pour les premières années du siècle; heureusement pour les suivantes la concordance est tellement parfaite, qu'eût-on voulu inventer les chiffres, on n'aurait pu mieux rencontrer, on n'eût même pas osé. Tous les relevés sont tirés des sources officielles, des rapports au Parlement pour l'Angleterre, des rapports au Congrès pour les États-Unis, des comptes rendus de la Banque pour la France.

Avant d'exposer le tableau des crises depuis 1800, nous énumérerons sommairement la liste des causes générales; puis, le développement, l'explosion et la liquidation des crises ayant été bien indiquées, ainsi que leurs effets et leurs conséquences, nous ferons un résumé historique des crises commerciales depuis 1800 en France, en Angleterre et aux États-Unis, afin de confirmer par de plus amples renseignements ce que nous ne ferons qu'indiquer ici.

Causes des crises.

Les symptômes qui précèdent les crises sont les signes d'une grande prospérité; nous signalerons les entreprises et les spéculations de tous genres; la hausse des prix de tous les produits, des terres, des maisons; la demande des ouvriers, la hausse des salaires, la baisse de l'intérêt, la crédulité du public, qui, à la vue d'un premier succès, ne met plus rien en doute; le goût du jeu en présence d'une hausse continue s'empare des imaginations avec le désir de devenir riche en peu de temps, comme dans une loterie. Un luxe croissant entraîne des dépenses excessives, basées non sur les revenus, mais sur l'estimation nominale du capital d'après les cours cotés.

Les crises ne paraissent que chez les peuples dont le commerce est très-développé. Là où il n'y a pas de division du travail, pas de commerce extérieur, le commerce intérieur est plus sûr; plus le crédit est petit, moins on doit les redouter.

Causes diverses.

Les guerres, les révolutions, les changements de tarif, les emprunts, les variations de la mode, de nouvelles voies ouvertes au commerce. Nous avons dit plus haut ce que nous pensions de ces causes, dont nous ne méconnaissons pas l'importance, et combien souvent elles produisaient des effets différents. Nous trouvons quelque chose de plus constant, de plus régulier dans l'examen des escomptes et de la réserve métallique des banques.

Le *développement exagéré* des *escomptes* et la *diminution* de la *réserve métallique* des *banques*, de même que la *diminution* des *escomptes* et l'*abondance de l'encaisse*, paraissent, depuis 1800 du moins, présenter une concordance tellement parfaite, qu'il serait difficile de ne pas remarquer et signaler cette solidarité.

Quoique l'examen des documents statistiques qui vont suivre puisse engager à conclure et à reconnaître une loi économique, la prudence conseille de ne pas trop se hâter. La période de 1800 à 1862 est d'ailleurs trop courte, quoique la confirmation de ces recherches se trouve en France, en Angleterre et aux États-Unis. Néanmoins, si on leur refuse pour le moment toute la rigueur d'une loi nouvelle, il faut y voir plus qu'une simple coïncidence abandonnée au hasard. Nous avons pensé répondre au vœu de l'Académie en lui soumettant ce travail; on nous pardonnera donc de trancher quelquefois les difficultés à notre point de vue particulier.

On ne saurait trop s'habituer à l'idée du retour périodique de ces tourmentes commerciales qui, jusqu'ici du moins, paraissent une des conditions du développement de la grande industrie. Les crises se renouvellent avec une telle constance, une telle régularité, qu'il faut bien en prendre son parti, et y voir le résultat des écarts de la spéculation, d'une extension inconsidérée de l'industrie et des grandes entreprises commerciales. Il y a des moments dans la vie des peuples où tout paraît conspirer pour donner un essor sans pareil aux affaires; toutes les entreprises qui se fondent trouvent les capitaux nécessaires; on s'arrache les titres, on les achète avec une confiance sans réserve dans l'avenir.

L'impulsion donnée au travail est telle que, pendant quelques années, les matières premières suffisent à peine aux manufactures, les importations et les exportations augmentent sans cesse, puis tout à coup tous les canaux paraissent remplis, il n'y a plus d'écoulement possible, toute circulation cesse et une crise éclate; toutes les spéculations s'arrêtent; l'argent, si abondant quelques mois auparavant, diminue; la réserve disparaît même, les appels de fonds continuent, on ne peut y satisfaire; les titres flottants viennent sur le marché : de là dépréciation de toutes les valeurs, obligation de se liquider dans les plus mauvaises conditions. Ces écarts, ces excès de la spéculation, sont trop dans la nature humaine pour qu'on puisse les prévenir par aucune mesure.

Quand on étudie les comptes rendus officiels publiés par le gouvernement et les grandes administrations publiques, on est frappé d'un fait très-remarquable, que les chiffres offrent d'eux-mêmes tout d'abord : on y trouve des périodes croissantes et décroissantes qui se succèdent avec la plus grande régularité.

Que l'on observe le tableau des douanes, le prix moyen des céréales, les relevés du mouvement de la population, le cours des fonds publics, le même résultat se manifeste, la même concordance avec les comptes rendus des banques se retrouve.

Le tableau suivant, résumé comparé des crises commerciales et de leurs liquidations depuis 1800, en

ANNÉES.	FRANCE.				ANGLETERRE.				ÉTATS-UNIS.			
		Escompte.	Réserve métallique.	Circulation.		Escompte.	Réserve métallique.	Circulation.		Escompte.	Réserve métallique.	Circulation.
1800	Liquid.	111	25	8	Liquid.	6	6	15				
1801												
1802												
1803					Crise.	10	3	17				
1804	Crise.	630	1	79	Liquid.	9	7					
1805	Liquid.	255	83	48								
1806												
1807												
1808												
1809												
1810	Crise.	715	32	117	Crise.	20	3	24				
1811	Liquid.	391	124	54								
1812					Liquid.	12		23				
1813	Crise.	640		133								
1814	Liquid.	84	5	10								
1815					Crise.	14	2	28				
1816												
1817					Liquid.	3	11	20				
1818	Crise.	615	34	126								
1819					Crise.	6	3					
1820	Liquid.	253	218	79								
1821					Liquid.	2	11	25				
1822												
1823												
1824												
1825												
1826	Crise.	688	86	251	Crise.	4	2	25				
1827					Liquid.	1	10					
1828	Liquid.	427	238	156								
1829					Crise.	3	6	19				
1830	Crise.	617	104	238	Liquid.	1						
1831												
1832	Liquid.	150	281	192								
1833												
1834												
1835												
1836	Crise.	760	89	241						457	43	
1837		756	248	190	Crise.	15	4	18	Crise.	525	37	149
1838						8	10	19		485	35	116
1839	Crise.	1,047	249	234	Crise.	12	2	17	Crise.	492	45	135
1840												
1841	Liquid.	885	169	169	Liquid.	7	16	22	Liquid.	386	49	75
1842												
1843												
1844												
1845												
1846												
1847	Crise.	1,327	57	311	Crise.	58.3	8	17				
1848										344	35	128
1849	Liquid.	256	626		Liquid.	4	22	23		332		114
1850												
1851												
1852												
1853												
1854												
1855												
1856										634	59	204
1857	Crise.	2,085	72	649	Crise.	49.1	6	22	Crise.	684	58	214
1858										583	74	155
1859	Liquid.	1,414	287									

France, en Angleterre et aux États-Unis, indique d'une manière sommaire le mécanisme du développement et de la liquidation des crises[1].

Prenons-nous pour exemple la dernière période de 1849 à 1857, les précédentes offrant les mêmes phénomènes, nous remarquons que la crise se développe d'un pas égal et régulier en France, en Angleterre et en Amérique.

Des escomptes.

En France, des 256 millions après la liquidation de 1849, le total annuel de l'escompte s'élève à 2,085 millions en 1857. Au moment de la crise, la liquidation qui a lieu de suite dans les deux années qui suivent l'abaisse à 1,414 millions.

En Angleterre, l'escompte des 4 millions de liv. sterl. après la liquidation de 1847 et 1849 s'élève à 49 millions de livres et descend à un chiffre que les relevés officiels n'ont point encore fourni, dans les deux années suivantes.

Aux États-Unis, de 332 millions de dollars après la liquidation en 1848, qui n'était pour l'Amérique qu'un simple temps d'arrêt, le total des escomptes et des avances s'élève au chiffre énorme de 684 millions de dollars. Quand la crise éclate, la dépression succède pendant la liquidation qui suit.

[1] Pour permettre le contrôle des chiffres, nous avons conservé la monnaie en usage dans chaque pays :

En France les relevés sont en millions de francs.		
En Angleterre	—	en millions de livres sterling.
Aux États-Unis	—	en millions de dollars.

De la réserve métallique.

La réserve métallique suit une marche de tous points inverse de celle des escomptes, elle s'abaisse de plus en plus jusqu'au moment où les banques suspendent le remboursement de leurs billets, ou prennent les mesures les plus énergiques en relevant le taux de l'escompte pour limiter les demandes du commerce et restreindre leur circulation.

Ainsi, en France, l'encaisse des 626 millions tombe à 72.

En Angleterre, des 22 millions à 6.

En Amérique, aux États-Unis, nous signalerons une particularité.

Quoique la réserve métallique n'ait pas baissé et ait plutôt augmenté de 35 millions de dollars à 59 en 1856 et 58 en 1857, la circulation des billets des 114 millions s'étant élevée à 214, les escomptes et les avances des 332 millions à 684, les banques suspendent cependant leurs payements, parce que ce ne sont pas tant les billets qui se présentent au remboursement que les demandes de retrait des dépôts et des comptes courants qui ont été prêtés à de hardis spéculateurs et ne sont plus disponibles. Nous voyons, en effet, que de 91 millions de dollars, les dépôts se sont élevés à 230 millions; pour se couvrir des intérêts qu'elles payent afin de les attirer, les banques ont dû en avancer la plus grande partie sur gages; c'est ce qui fait défaut, et empêche le remboursement des comptes courants plus encore que celui des billets. En 1837, les dépôts et comptes courants étant beaucoup moins étendus, la réserve métallique baisse de 43 millions à 35.

De la circulation des billets.

La circulation des billets présente des oscillations beaucoup moins grande que les escomptes et la réserve métallique. Le maximum s'observe toujours dans les années qui précèdent les crises en France comme en Angleterre. Quand les recours à la Banque sont les plus pressants, elle a déjà baissé; quand ils diminuent, elle descend, avant de prendre un nouvel essor, à un minimum inférieur à celui de toutes les années antérieures.

Des dépôts et des comptes courants

Les dépôts et les comptes courants présentent de grandes variations. En France, de 92 millions en 1855, ils s'élèvent à 173 en 1856 juillet et septembre. Au moment de la hausse du taux de l'intérêt, ils tombent à 100 millions, se relèvent à 155 en janvier 1857, 139 en juillet; dès que la gêne se fait sentir, en septembre ils retombent à 118 millions; en octobre, à la veille des plus grands embarras, remontent à 137, presque le maximum de l'année, et enfin, en novembre, quand l'intérêt est à 10 pour 100, ils ne descendent qu'à 119 millions, pour remonter à 123 en décembre et 146 en janvier 1858.

En Angleterre nous observons la même marche : de 19

millions en 1848, les dépôts s'élèvent à 21 en 1852, retombent à 14 en 1853, et la même année s'élèvent à 22; — en 1855 et 56 on constate 13 et 19. 13 et 18 millions, enfin, après avoir varié de 15 à 18 millions pendant la première partie de 1857; en octobre de 18 millions, quand on porte l'intérêt à 6 pour 100 ils retombent à 15; l'intérêt à 8 pour 100 ils remontent à 16, à 9 pour 100, 18, à 10 pour 100, 19, puis 20, 21 et 22 millions, s'élevant ainsi avec les progrès de la crise.

DÉPÔTS (ÉTATS-UNIS).

1849	91
1850	109
1851	»
1852	»
1853	»
1854	188
1855	190
1856	212
1857	230

En Amérique, nous observons une marche croissante beaucoup plus marquée et plus rapide, grâce à l'intérêt que l'on offre pour les attirer et retenir dans les coffres des banques. De 91 millions de dollars ils s'élèvent successivement à 230 millions en 1857, le relevé des deux années 1852, 1853 manque.

Prix moyen des céréales.

Le prix moyen des céréales nous offrira encore, ainsi que le commerce spécial de chaque pays, importations et exportations. des variations en hausse et en baisse s'harmonisant avec le mouvement des escomptes et de la réserve métallique, autrement dit avec les crises.

Étude des principales crises commerciales en France, en Angleterre et en Amérique.

Le développement régulier du commerce et de la richesse des nations n'a pas lieu sans douleurs et sans résistance, il y a des temps d'arrêt où tout le corps social paraît paralysé, toutes les ressources évanouies; à considérer la superficie, la société serait sur le point de disparaître dans un abîme ou du moins de se liquider par une banqueroute générale.

Plus on observe les crises commerciales depuis que l'on possède des relevés officiels de la situation des banques en France, en Angleterre et aux États-Unis, c'est-à-dire depuis le commencement du siècle, plus on demeure convaincu que leur marche, leurs accidents deviennent de plus en plus solidaires, et que dès qu'un embarras se fait sentir d'un côté ou de l'autre de l'Atlantique, il est rare qu'il ne réponde pas du côté opposé. Si nous resserrons le cercle de nos recherches, nous constatons qu'en Angleterre et en France depuis 1800 les crises ont suivi une marche régulière et parallèle, éclatant et se liquidant presque aux mêmes époques.

Si, en Amérique, elles ont été moins remarquées dans les premières années, cela tient au faible développement de ses relations et de son commerce, mais elles ne tardent pas à prendre leur rang et leur place dans les perturbations commerciales qui désolent périodiquement le monde, sans arrêter le développement de sa prospérité. On peut même dire que la gravité des crises est en rapport avec le développement de la richesse du pays. C'est un temps d'arrêt qui, après une hausse de plusieurs années où la spéculation finit par prendre la première place, permet au commerce régulier de reprendre son allure normale après s'être débarrassé d'une imprudente spéculation. Aussi à aucune époque ne voit-on un pareil entrain, plus de facilités dans les affaires, plus de confiance et de sécurité qu'après la liquidation des crises. Comme leur nom l'indique, ce sont des accidents fâcheux, il est vrai, mais, comme dans les maladies ils préparent un état meilleur en rejetant au dehors tout ce qui était impur.

Malgré le grand nombre de faillites que l'on signale sur leur passage, il est rare de voir de bonnes maisons succomber; celles qui se sont laissé entraîner dans des spéculations insensées liquident et débarrassent le marché d'une cause incessante de trouble et de ruine. Tant que la hausse persiste, on échange les produits, personne ne perd, mais malheur au dernier détenteur! la baisse est si rapide que, les moyens de crédit qui l'ont engagé et soutenu jusque-là lui faisant défaut, la ruine est inévitable; le commerce rentre ainsi dans ses voies naturelles.

Nous avons cherché en Allemagne la confirmation des mêmes faits; malheureusement les comptes rendus des banques sont trop récents ou trop incomplets pour qu'on puisse arriver à un résultat. Nous résumerons seulement ce que les documents les plus récents sur la Prusse et Hambourg nous ont appris.

Depuis 1800, voici la liste des crises que nous observons

	En France.	En Angleterre.	Aux États-Unis.
Crise.	1804	1803	»
—	1810	1810	»
—	1813	1815	1814
—	1818	1818	1818
—	1826	1826	1826
—	1830	1830	»
—	1836	1836	1837
—	1839	1839	1839
—	1847	1847	1848
—	1857	1857	1857

La simple inspection du tableau qui précède démontre la solidarité des crises, puisque à quelques mois de distance nous les retrouvons toujours.

Première période de 1800-1805.

La première crise de 1800 à 1805, en France et en Angleterre, tient dans les deux pays au développement du commerce et des escomptes. La rupture de la paix d'Amiens précipite la crise; mais en France, les avances faites par la Banque au gouvernement pour les dépenses de la guerre n'ayant pas été remboursées, la suspension des payements s'en suivit.

Deuxième période de 1805-1810.

Malgré les guerres, le blocus continental, les obstacles de tous genres, le même esprit d'entreprises et de spéculations s'observe en France et en Angleterre de 1805 à

1810. Le Brésil et l'Amérique espagnole remplacent, jusqu'à un certain point, les marchés d'Europe fermés; des sociétés se forment pour les exploiter. La mauvaise récolte de 1809 vient contrarier tous les projets; le marché étant comblé, il faut se liquider. Les subventions aux puissances étrangères avaient aussi soutiré le numéraire : on les évalue à 1 milliard de francs. La gêne fut si forte que l'on dut prêter au commerce 6 millions en bons de l'Échiquier, dont deux seulement furent utilisés.

En France, le gouvernement, comme en 1804, n'avait pas rempli ses engagements envers la Banque, après y avoir puisé d'immenses ressources. Pour défendre son encaisse, qui de 11 millions se trouve réduit à un seul, elle réduit la durée de l'escompte à soixante jours; le commerce mal engagé cherche à se liquider, la crise éclate.

Troisième période de 1810-1814-1818.

Nous pouvons ici mettre en ligne pour la première fois les États-Unis avec la France et l'Angleterre. Dans ce dernier pays, par suite des mauvaises récoltes de 1809 et 1811 et de la hausse des prix, le landjobbing (spéculation sur les terres) devient général ; en 1810, 1811, 1812, le commerce souffre un peu des sept mille banqueroutes qu'entraîne la liquidation de la crise, mais la bonne récolte de 1813 réveille la spéculation. On salue la fin de la guerre et le traité de Paris, qui ouvre tous les ports. On escompte les promesses de la paix; quand elle arrive, il y a excès, et la baisse suit. Le bas prix des produits de l'agriculture après la hausse des dernières années, détermine, pour apporter quelque soulagement à sa détresse, l'établissement de l'échelle mobile.

Aux États-Unis[1], la crise de 1814 succède aussi à la conclusion de la paix, à la suite de la guerre avec l'Angleterre et aux espérances insensées que l'on avait conçues. Pour répondre aux demandes, les banques avaient émis du papier sans mesure. La Nouvelle-Angleterre, où l'émission était modérée par une amende de 12 pour 100, draine le métal de la banque des États-Unis, la suspension suivit. Elle différait de celle de l'Angleterre en ce qu'elle n'était pas générale, et puis, chaque État étant indépendant, la dépréciation variait.

Le comité du sénat accuse le Banking system, le trop grand nombre de banques, leur mauvaise gestion, leurs spéculations pour faire monter leurs actions et distribuer des dividendes usuraires. Selon M. Carey, la suspension provenait des spéculations des banques en fonds fédéraux : six banques de Philadelphie, au capital de 6 millions, avaient immobilisé 3 millions en government stock.

En France, le commerce avait repris très-vivement après la liquidation de la crise en 1811 ; en 1813 les escomptes étaient déjà revenus à 640 millions, les désastres de l'invasion en 1814 suspendent toutes les affaires, le portefeuille se vide à 84 millions.

[1] Les relevés officiels ne donnent la situation des banques aux États-Unis, qu'une seule fois l'année, fin décembre.

Crise de 1818

En France, en Angleterre, en Amérique, on repart de suite. En France, le développement du commerce recueille tous les avantages de la paix, mais il y a une lourde liquidation du passé à régler; le crédit public, soutenu par l'étranger, après avoir souscrit tous les emprunts créés pour l'acquittement des contributions de guerre, succombe à l'époque des versements à la fin de 1818. On avait émis pour 67 millions de rentes et réalisé un capital de 821 millions.

L'Angleterre, dont les banquiers avaient souscrit la plus grande partie des emprunts du continent, en Allemagne et en France, fut entraînée dans la crise : une nouvelle suspension des payements eut lieu en 1818-1819. La chute des prix fut terrible, mais le portefeuille n'avait pas encore eu le temps de se gonfler. La réserve métallique seule baisse par suite du drainage des emprunts du continent. En 1818, la liquidation finie, on passe de suite le bill pour la reprise des payements.

Aux États-Unis, nous ne pouvons invoquer les mêmes causes. La création de la banque des États-Unis excite une spéculation sans frein et une extension de crédit sans limites; les escomptes augmentent de 3 millions au 27 février, à 20 le 30 avril, 29 en juillet, 33 millions en octobre.

La Banque remplace par ses propres billets le papier émis et non remboursé par les autres banques. Le commerce de l'Inde et de la Chine prend un développement rapide, hausse énorme des produits, l'excès d'émission de 4 à 7 milliards en 1816, se réduit à 3 et 1 en 1819. Le seul obstacle à l'émission était l'impossibilité de signer les notes de la part du président et du caissier, deux signatures obligatoires par les règlements : sur leurs instances on accorde un vice-président et un vice-caissier pour la signature, et elle escompte pour 43 millions de dollars en une année, avance 11 à 12 millions sur stock. On l'accuse d'avoir violé sa charte en immobilisant une partie de son capital en dette publique, et d'avoir inondé l'Union de plus de 100 millions de papier. L'excès de la spéculation était tel, que l'on ne voulait pas faire faillite pour moins de 100,000 dollars.

Parmi les causes si diverses auxquelles on attribue la crise, nous devons signaler le payement d'une partie de la dette étrangère de la Louisiane, qui, au 21 octobre 1818, occasionna le retrait de grosses sommes, enfin l'augmentation des droits à l'importation, le rachat d'une partie de la dette publique, réduite, de 1817 à 1818, de plus de 80 millions.

Période de 1818-1825.

La période de 1818 à 1825 est la plus belle du gouvernement de la Restauration. Le commerce avait repris une marche régulière, les revenus publics en avaient profité, et, sous l'influence de la confiance et du bas prix des capitaux, M. de Villèle avait pu réaliser la conversion volontaire du 5 pour 100 en 3 pour 100; mais, comme il est dans la nature humaine de ne se tenir jamais dans de justes limites, le portefeuille de la Banque qui de 253 millions s'était peu à peu élevé à 688, nous montre les excès de la spéculation. Quand le contre-coup de la crise anglaise, trouvant tout préparé, ébranla et renversa le marché, la Banque de France, tout en maintenant l'escompte à 4 pour 100, avance sur dépôt de lingots 493 millions à la banque d'Angleterre.

En Angleterre, l'abondance des capitaux permet aussi de réduire le navy 5 pour 100 à 4 et le 4 pour 100 en 3 et demi; pour trouver un emploi avantageux, la spéculation prête son aide. La reconnaissance de l'indépendance de l'Amérique du Sud et du Mexique ouvre de nouveaux marchés, on veut tout exploiter : d'innombrables joint-stock compagnies en facilitent les moyens par une émission désordonnée. On se précipite sur les emprunts des jeunes républiques de l'Amérique, comme en 1818 sur ceux du continent; ils s'élèvent à près de 58 millions livres sterling. Quand les entrepôts furent comblés à tout prix, la baisse commença. La crise fut si violente, qu'à un moment donné il ne restait pas 1 million dans les caisses de la Banque; tout le monde se tourna vers elle sans obtenir de secours. Enfin elle se décida à avancer 3 millions; mais la liquidation était tellement avancée, qu'on n'en réclama que 400,000 liv.; à la fin de 1826 tout était terminé.

Le parlement, pour prévenir le retour de pareils embarras, après avoir permis la circulation de notes au-dessous de 5 livres, la défend.

Aux États-Unis, en 1825, on était revenu aux beaux

jours de 1815. On ne rêve que banque, il se forme des sociétés au capital de 52 millions de dollars. Mais, dès que l'on apprend la baisse du marché de Londres, le contre-coup élève le change de 5 à 10 pour 100. — La spéculation sur le coton avait été sans frein, de 18 cent. le yard, le coton tissé tombe à 13 cent. — L'escompte de la Nouvelle-Orléans de 3 pour 100 s'élève à 50 pour 100; à la fin de l'année il était revenu à 4 pour 100.

Période de 1825-1830.

Nous retrouvons des embarras commerciaux en France, en Angleterre et en Amérique, nous en parlerons dans l'historique qui suit; pour nous conformer au programme, nous passerons de suite à la crise de 1836, dont la liquidation et les embarras se sont prolongés jusqu'en 1839.

Période de 1830-1836-1839.

Nous retrouvons les mêmes perturbations en France, en Angleterre et en Amérique; quoique la France ait été la moins ébranlée, les effets de la crise, ses diverses phases, se font parfaitement sentir. Un premier temps d'arrêt a lieu en 1836, puis la liquidation arrive après l'explosion de 1839, où l'escompte, de 150 millions en 1836, atteint pour la première fois 1 milliard 47 millions; la spéculation sur les mines, les emprunts, avait été vive, mais, contrarié par des troubles intérieurs, le commerce n'avait pu s'étendre, ce qui diminua la gravité du mal.

En Angleterre, au contraire, rien ne s'oppose au développement des affaires. Les emprunts espagnols donnent le pas. A la fin de 1835, par suite de la suppression de quelques priviléges de la Banque d'Angleterre, on forme des joint-stock-bancks qui émettent des notes, escomptent le papier. Les entreprises paraissent à la suite des facilités du crédit, les spéculations sont intérieures au lieu d'être extérieures, comme en 1825.

L'extension des joint-stock à l'Irlande augmente encore la circulation du papier et les facilités du crédit; toutes escomptaient avec fureur. Pour remplacer la circulation du papier américain par une circulation métallique, le cours du change est réduit, le numéraire exporté et le marché anglais inondé de papier américain. Les embarras du marché des États-Unis font élever le taux de l'escompte, mais les banques continuent leurs avances. Les trois principales maisons travaillant avec l'Amérique suspendent; grâce aux libéralités de la Banque, une demi-liquidation eut lieu; dès que le papier de circulation eut été retiré, l'or reparut. Mais la mauvaise récolte de 1838 oblige à importer pour 10 millions de blé. La Banque de Belgique suspend, on se précipite sur la Banque d'Angleterre; à partir de décembre 1838 le drainage métallique commence et continue jusqu'en octobre 1839; la réserve métallique tombe à 2,300,000 f. Elle obtient à grand'peine un prêt de 50 millions de fr. de la Banque de France, et tout finit par se calmer.

A Hambourg, à la même époque, une crise semblable avait ébranlé le marché, et porté l'escompte à 7 pour 100.

En Amérique, le président Jackson considérait en 1837 l'exagération de l'émission du papier-monnaie et de toutes les branches de commerce comme la principale cause de la crise, cependant malgré des secousses si fréquentes, la prospérité de la nation, le développement de ses richesses, n'était pas douteux, il frappait tous les yeux.

En 1837, la hausse du coton durait déjà depuis quelque temps, mais la hausse du taux de l'intérêt par la Banque d'Angleterre fit voir que l'on n'obtiendrait pas sans les payer les capitaux anglais. Ce changement de prix éclata comme un coup de tonnerre : le change monta à 22 pour 100, la suspension des payements suit, tout le métal disparaît. La lutte de la Banque avec le président Jackson, qui voulait, malgré le congrès, lui retirer son privilége, avait déjà ébranlé son crédit en lui enlevant les dépôts du gouvernement. C'était la signaler à la méfiance publique et augmenter ses embarras en l'obligeant à reprendre la circulation métallique. La crise et la suspension furent des plus graves, on ne trouva plus à emprunter sur aucun gage.

La Banque des États-Unis s'efforce par des expédients de la modérer, jusqu'à ce qu'elle éclate plus violente en 1839. On établit cent banques au capital de 125 millions de dollars. Le directeur de la Banque, M. Biddle, avait voulu monopoliser le commerce du coton, en faisant des avances aux planteurs sur la marchandise consignée entre ses mains, il la faisait vendre à Liverpool, payait en papier et touchait le prix en argent. Enfin, quand les entrepôts furent pleins, la baisse arriva.

M. Biddle, en quête de débouchés et de moyens de crédit, trouva toutes les portes fermées. La maison Hottinguer ne voulut plus servir d'intermédiaire, la suspension fut complète en 1839, et la liquidation de la Banque, devenue inévitable, englontit dans sa déconfiture 150 millions de capitaux européens.

D'après l'enquête, la crise prolongée de 1837 à 1839 produisit trente mille faillites et une perte de 440 millions de dollars ! Comme toujours, l'excès de la spéculation dépassa encore l'excès de l'émission.

Période de 1839-1847.

La crise de 1847 ne sévit que faiblement en Amérique et seulement à la suite de la tourmente révolutionnaire de 1848 en Europe. Mais, en France et en Angleterre, les deux crises se développent parallèlement.

En France, avec l'abondance des capitaux, le bas prix de l'intérêt qui signala les années 1843, 1844, 1845 donna une impulsion très-vive au commerce : la création du réseau des chemins de fer devient la proie favorite de la spéculation. Les compagnies apparaissent, on souscrit avec fureur. Le chemin de fer du Nord est coté avec une prime énorme le jour de son adjudication. Les emprunts s'enlèvent à un prix très-élevé, témoin celui de 1844, adjugé, en 3 pour 100, au cours de 84 fr. 75 c. Dès 1846, le retour périodique des versements, la cherté du froment, pompent le numéraire sur la place, avant la fin de l'année la gêne se manifeste; en janvier 1847, la Banque, pour la première fois depuis 1818, élève l'escompte à 5 pour 100; la crise est complète; le portefeuille, de 771 millions, s'est élevé à 1 milliard 327 millions de francs; de 279 millions, la réserve est tombée à 57!

En Angleterre, la même abondance de capitaux produit le même effet. La concurrence faite par les banquiers à la Banque réduit le taux annuel des escomptes à 2 millions de liv. en 1845. Pour trouver un emploi à tous ces capitaux, les faiseurs de projets se donnent carrière. On multiplie les joint-stock-banks, le parlement vote une dépense de 340 millions de liv. pour les chemins de fer. On peut estimer à 560 millions de liv. la valeur de tous les projets qui se vendaient avec des primes énormes. La Banque abaisse l'escompte à 2 1/2 pour 100.

La mauvaise récolte de 1846 et de 1847, en France et en Angleterre, commence à réagir sur les affaires en drainant les coffres des banques. L'escompte s'élève de 2 1 2 à 3 1/2, 4, 5, 6, 7 et 8 pour 100. Enfin, en octobre 1847, la suspension étant imminente, il faut suspendre l'acte de 1844, et le calme renaît au milieu des ruines. Pendant que les arrivages des céréales exigeaient l'exportation du numéraire, les besoins du commerce gonflaient le portefeuille des escomptes, et ces deux effets combinés amenaient la crise.

M. Wilson fait remarquer que la crise de 1847 ne fut pas produite par des spéculations aussi insensées qu'en 1814 et 1825, mais surtout par l'extravagante application du capital flottant du pays à la construction des railways et par la disette. Reformer le capital répandu et dépensé, telle était la difficulté. La cause du mal est toujours l'absorption du capital, son absence fait croire que la circulation est au-dessous du besoin et on demande l'augmentation de l'émission, qui ne peut en tenir place. Le nombre des billets escomptés n'agit pas sur la circulation, mais sur le capital représenté par le numéraire.

Nous empruntons à Tooke quelques remarques sur la comparaison des deux crises 1825 et 1847 en Angleterre.

CRISE 1825.

En 1825, une seule période de panique.

En 1825, la Banque ne varie pas l'escompte à 4 pour 100 ni le terme, jusqu'au 13 décembre, où on l'éleva à 5 pour 100 en accordant de grandes facilités.

En 1825, il n'y a pas d'importation de blé; cependant la dépression du change fut telle, que le drainage de la Banque continue jusqu'à la fin de l'été.

En 1825, le drainage de l'or ne fut pas contre-balancé par les directeurs; il cessa de lui-même.

Dans les deux périodes, quand le drainage de l'or pour l'exportation eut cessé, la demande pour l'intérieur continua.

En 1825, les faillites, le discrédit, précéda la panique.

Le minimum de la réserve tomba à 1 million.

En 1825 et 1847, les tendances de la spéculation et l'extension du crédit, par suite du bas taux de l'intérêt, furent entretenus par la Banque.

CRISE 1847.

Deux en 1847.

En 1847, la taxe de l'intérêt varie treize fois, de 3 1/2 à 8 pour 100.

En 1847, les spéculations se portent sur les railways et les améliorations à l'intérieur.

L'immense importation des blés et des farines déprime les changes et exige de l'or pour l'exportation. Elle cesse à la fin d'avril et recommence en juillet et août.

En 1847, le drainage fut contrebalancé par les efforts de la Banque et cessa à la fin d'août.

En 1847, la panique d'avril ne fut précédée ni de discrédit ni de faillites; les restrictions de la Banque effrayèrent. La panique d'octobre a plus de ressemblance avec celle de 1825.

1825.		1847.	
Prix des consolidés :		Cote des consolidés :	
Avril 1824.	97 sh.	En 1841.	101 sh.
Février 1826.	73	En 1847.	77

Les *securities* (escomptes) augmentent de 20 millions en août 1824, à 24 millions en 1825.

En 1825, grande spéculation en achats de produits sur place et à l'étranger.

En 1825, la presse ne dépasse pas trois semaines, surtout la quinzaine finissant au 19 décembre.

Toutes les facilités, toutes les avances accordées par la Banque n'empêchèrent pas les faillites en janvier et février 1826.

La réduction des consolidés, en 1825 et 1847, cause l'expansion du crédit et les embarras qui en furent la suite. Ceux qui ont accepté le remboursement cherchent un emploi pour leurs capitaux.

En 1847, l'élévation du taux de l'intérêt doit être attribué à l'absorption du capital par les chemins de fer. Les deux paniques ne furent pas plus longues que celles de 1825.

Période de 1847-1857.

Nous retrouvons ici la concordance des embarras commerciaux et des crises dans les trois grands pays du crédit et des affaires, en France, en Angleterre et aux États-Unis.

Les mêmes phénomènes caractéristiques se reproduisent :

Développement exagéré des escomptes, abaissement de la réserve métallique, malgré les importations d'or de la Californie et de l'Australie.

Cette abondante production de l'or a donné une impulsion sans pareille aux affaires, mais, en favorisant leur développement sur une aussi vaste échelle, elle n'a pu, à un moment donné, répondre aux besoins du commerce : les réservoirs métalliques des banques ont presque été vidés; et cependant, de 1848 à 1857, l'augmentation nette de l'or en France s'élève à 1 milliard 392 millions de francs, et à 994,400,000 fr. de 1858 à 1860. Total général, 2 milliards 386 millions de francs.

En Angleterre, la liquidation de la crise de 1847 étant terminée en 1849, le portefeuille réduit à 2 millions liv. ster., l'encaisse s'élevant à 17 millions, l'intérêt à 2 pour 100, les affaires reprennent leur cours.

Les complications de la guerre de Russie ne font hésiter qu'un moment. Le total annuel des escomptes, de 4 millions en 1849 s'élève à 25 en 1853, retombe à 21 en 1854, se relève à 30 en 1856, et enfin à 49 millions en 1857. Tandis qu'en sens contraire la réserve métallique de 17 millions en 1849 s'était abaissée à 6 millions liv. ster. La prospérité avait été grande et les affaires avaient pris un immense développement, ainsi que l'indique le mouvement commercial, importations et exportations de 105 millions à 187, et de 95 à 122 millions liv. ster. Les dépenses de la guerre d'Orient, 2 milliards 300 millions de francs, avaient été couvertes facilement, moitié par l'emprunt, moitié par les impôts.

Vers la fin de 1856, quelques embarras s'étaient fait sentir. La réserve avait baissé, et on avait dû relever le taux de l'escompte; puis les choses avaient repris leur cours ordinaire jusqu'au 15 septembre 1857, quand on apprend les embarras des États-Unis et la suspension des payements. Alors, pour protéger son encaisse, la Banque élève successivement l'escompte de 5 1/2 à 12 pour 100.

On est encore obligé de suspendre l'acte de 1844, et la circulation dépassa de 928,000 liv. le chiffre légal.

SUSPENSION DE L'ACTE DE LA BANQUE. SITUATION COMPARÉE.

	1847.	1857.
Total Bullion.	8,300,000	6,400,000
Reserve of notes in the Banking department.	1,100,100	958,000
Coin.	500,000	500,000
Public deposits.	4,600,000	4,800,000
Other deposits.	6,700,000	14,900,000
Government securities. . . .	10,500,000	5,400,000
Other securities.	21,400,000	31,300,000
Circulation of notes.	20,800,000	20,100,000

MM. Colmann et Bath, profitant de leur expérience de 1847, attribuèrent les deux crises à l'abus du crédit et à l'overtrading. La seule différence avec la dernière crise, c'est qu'en 1847 beaucoup des maisons qui succombèrent étaient riches; en 1857, à peu d'exceptions, aucune ne possédait un capital suffisant. Comme dans les crises précédentes, le prix du blé, de 1 l. 18 sh. en 1851, s'était élevé à 3 l. 16 sh. en 1856.

France (1847-57).

En France, depuis la liquidation de 1848 et 1849, le mouvement commercial avait repris, même avant le coup d'État du 2 décembre; mais c'est surtout à partir de ce moment, quand la confiance fut revenue dans les esprits, que la prospérité des affaires se manifeste par l'entrain et le succès des entreprises. On trouve de l'argent pour tout, les primes reparaissent. Si on ouvre des souscriptions, elles sont couvertes et de beaucoup dépassent le capital demandé; il faut réduire les sommes souscrites. Ce mouvement ne subit qu'un court temps d'arrêt, au moment de la guerre d'Orient. Mais, aussitôt que l'on peut croire la question circonscrite, les affaires reprennent.

Les premières années de cherté des céréales avaient passé inaperçues. La persistance des hauts prix en 1855, 1856, 1857, 28 fr., 29 fr., 30 fr. 75 c. l'hectolitre de blé, combinés avec l'accroissement de l'escompte du papier de commerce, qui de 256 millions s'était élevé à 2 milliards 85 millions de francs! rendent la crise inévitable. La réserve métallique était réduite de 626 millions à 72! En présence du portefeuille qui augmentait toujours, et qui, pour Paris seulement, s'était élevé à 516 millions, la Banque de France dut, à l'imitation de la Banque d'Angleterre, porter l'escompte à 6, 7, 8, 9 et 10 pour 100.

La liquidation se fit en 1858; l'escompte tomba à 1 milliard 468 millions, et en 1859 à 1 milliard 414. La réserve métallique se relevait de suite de 70 millions à 287, septembre .

États-Unis. — Crise de 1857.

La crise de 1857, aux États-Unis, avait trouvé le même concours de circonstances heureuses pour se développer; la prospérité avait été grande, le malaise fut général et profond.

En 1857, par suite de la sévérité des règlements, on ne pouvait accuser l'exagération de l'émission, car elle ne dépassait pas souvent la réserve métallique, mais on tourne la difficulté en attirant les dépôts par un gros intérêt et les prêtant de même à d'insensés spéculateurs. Dans un temps tranquille, tout va bien; mais, quand on réclame, les banques, ne pouvant faire rentrer leurs gages sans pertes, resserrent leur crédit, loin de l'étendre et de l'offrir comme dans l'abondance; plus le capital prêté était grand, plus le danger était grave : l'embarras fut surtout causé par le retrait des dépôts. La circulation du papier avait augmenté, de 1844 à 1857, de 75 millions de dollars à 214 millions. La réserve métallique de 35 millions à 58. La crise ne paraît pas l'avoir diminuée, puisque nous retrouvons presque le même chiffre en 1854, année prospère.

Les dépôts de 62 millions en 1842 se sont élevés à 230 millions en 1857. Le nombre de banques s'est élevé de 691 en 1843, à 1416 en 1857! Pendant que leur capital était seulement porté de 210 millions à 370.

Ainsi, l'augmentation des banques avec un capital insuffisant,

Le trop grand nombre des dépôts,

La circulation trop forte, telles sont, avec le développement exagéré des escomptes, les causes de la crise.

ÉTATS-UNIS.

TABLEAU DE LA SITUATION DES BANQUES.

Comptes rendus officiels fin décembre. (Millions de dollars.)

ANNÉES.	Escomptes avances.	Réserve métallique.	Fonds de réserve.	Circulation.	Dépôts.	Nombre total des Banques.	Capital.	COMMERCE.			
								Tonnage.	Importations.	Exportations.	Population.
1800. .								9	91	70	
1801. .								9	111	94	
1802. .								8	76	72	
1803. .								9	64	55	
1804. .								1.0	85	77	
1805. .								1.0	129	95	
1806. .								1.2	129	101	
1807. .								1.0	138	108	
1808. .								1.0	56	22	
1809. .								1.0	59	52	
1810. .								1.4	85	66	
1811. .		15		28		89	52	1.2	53	61	
1812. .								1.0	77	38	
1813. .								1.1	22	27	
1814. .							80	1.0	12	6	
1815. .		17		45		208	88	1.3	113	32	
1816. .		19		68		246	89	1.3	147	81	
1817. .							125	1.3	99	87	
1818. .								1.2	121	93	
1819. .	73	9		35			72	1.2	87	70	
1820. .		19		44	35	308	137	1.2	74	69	
1821. .								1.2	62	64	9
1822. .								1.3	83	72	10
1823. .								1.3	77	74	10
1824. .								1.3	80	75	10
1825. .								1.4	96	99	11
1826. .								1.5	84	77	11
1827. .								1.6	79	82	11
1828. .								1.7	88	72	12
1829. .								1.2	74	72	12
1830. .	200	22		61	55	350	145	1.1	70	73	12
1831. .								1.2	103	81	13
1832. .								1.4	101	87	13
1833. .								1.6	108	90	14
1834. .	324		26.0	94	75	506	200	1.7	126	104	14
1835. .	365	43	3.0	103	83	704	231	1.8	149	121	14
1836. .	457	40	4.0	140	115	713	251	1.8	189	128	15
1837. .	525	37	5.3	149	127	788	290	1.8	140	117	15
1838. .	485	35	0.9	116	84	829	317	1.9	113	108	16
1839. .	492	45	3.0	135	90	840	327	2.0	162	121	16
1840. .	462	33	3.0	106	75	901	358	2.1	107	132	17
1841. .	386	34	3.0	107	64	784	313	2.1	127	121	17
1842. .	323	28	3.0	83	62	692	260	2.0	100	104	18
1843. .	254	33	6.5	58	56	691	228	2.1	64 9 mois	84	18
1844. .	264	49	6.0	75	84	696	210	2.2	108	111	19
1845. .	288	44	6.0	89	88	707	206	2.4	117	114	19
1846. .	312	42	8.0	105	96	707	196	2.5	121	113	20
1847. .	310	3[illegible]	13.0	105	91	715	205	2.8	146	158	20
1848. .	344	46	10.0	128	103	751	204	3.1	154	154	21
1849. .	332	43	8.0	114	91	782	207	3.3	147	145	21
1850. .	364	45	11.0	131	109	824	217	3.5	178	151	23
1851. .	413	48	15.0	155	128	879	227	3.7	216	218	24
1852. .	Manque							4.1	212	209	24
1853. .	id.							4.4	267	250	25
1854. .	557	59	25.0	204	188	1 208	301	4.8	304	278	25
1855. .	576	53	21.0	186	190	1.307	332	5.2	261	275	26
1856. .	634	59	19.0	195	212	1.398	343	4.8	314	326	27
1857. .	684	58	25.0	214	230	1.416	370	4.9	360	362	28
1858. .	583	74	15.0	155	185	1.422	394	5.0	282	324	29
1859. .	657	104	26.0	193	259	1.476	401				

De 264 millions en 1844, les escomptes et les avances se sont élevés à 684 millions de dollars en 1857.

La crise fut beaucoup plus profonde qu'en Europe, le taux de l'escompte plus élevé, la suspension plus générale, la liquidation se fit en 1858. L'escompte étant tombé très-bas on ne recherchait que les valeurs de l'État, le commerce était sans vie. Si on compare la marche de la crise en Amérique et en Angleterre, on reconnaît que la suspension des payements eut lieu de l'autre côté de l'Atlantique six semaines plus tôt qu'à Londres.

Le 22 octobre 1847, la réserve métallique dans les banques était de 8,300,000 livres et n'atteignit le double de cette somme qu'en novembre 1849. En mars, elle était déjà de 15,000,000 de livres. Le taux de l'escompte, de 8 pour 100 en octobre 1847, était descendu à 4 pour 100 fin avril 1849. Les mêmes variations se sont produites en 1857-58.

A en juger par l'exportation, le commerce fut très-déprimé dans les six premiers mois de 1858. La valeur déclarée était de 9,800,000 livres au-dessous de la même époque 1847, quoique la dépression de toute l'année 1848 ne s'élevât pas au-dessous de 6,000,000 de livres. De novembre à février 1858, cent quarante-six maisons de commerce, cinq banques suspendirent. En 1847-1848, de fin août à janvier, on en avait compté plus du double, deux cent quarante-cinq maisons de commerce, douze banques. Le malaise de 1847 se prolongea plus longtemps.

En Angleterre, quatre banques de quelque importance succombent : avec la fin de l'année la crise monétaire avait disparu. L'une d'elles avait déjà repris; pour les trois autres, une mauvaise gestion avait entraîné leur ruine. La Western Bank of Scotland, la Northumberland et Durham district Bank, déjà dans l'embarras, avaient reçu des secours en 1847. La Borough Bank de Liverpool était connue par son imprudence; la City of Glasgow Bank, sortit seule du naufrage.

Le papier fictif a été la cause de la plupart des banqueroutes, ainsi que les crédits ouverts à échéance, en remettant de lettres de crédit sur un autre correspondant et ainsi de suite. C'est ainsi que les deux marchés de Hambourg et de Londres furent liés. La crise à Hambourg fut aussi très-grave et passa par les mêmes phases.

Résumé des causes de la crise de 1857.

Notons toujours en première ligne l'abus du crédit. En 1847, le crédit solide tombe, en 1857, le crédit fictif.

Les excès de l'émission ne sont pas la cause principale des crises, car à Hambourg il n'y a pas de billets au porteur; en France il n'y a pas de limites à la circulation; en Angleterre elle est limitée, et cependant la crise sévit partout.

Dans cinquante-six banques de New-York, l'encaisse était supérieur à la circulation, mais dans deux cent cinquante-cinq banques de l'Union, il était dans la proportion de 1/20e seulement.

L'émission garantie par les valeurs de l'État et par 1/12e en numéraire est une erreur des banques américaines, parce que quand le billet n'est pas remboursé la garantie a baissé de valeur.

On ne peut donc pas baser une circulation sur des valeurs de portefeuille, comme le voulait Law, et, à son exemple, tous les faiseurs de projets de crédit universel, et c'est une erreur de penser que les banques peuvent augmenter l'émission, tant que le papier escompté a une grande solidité, et résulte de réelles transactions commerciales payables à de courtes périodes.

La valeur de la circulation en papier dépend de la demande à laquelle elle doit se proportionner, pourvu que le remboursement existe. Quand le papier n'est pas remboursable, il en résulte peu à peu une hausse de prix; de là une importation plus abondante, puisqu'il y a avantage à vendre dans ce pays. On exporte le numéraire pour remettre en équilibre les prix, la circulation et le capital. Mais si la circulation, pour la plus grande part, est en papier, toutes les valeurs métalliques fuient. Il y a baisse dans les changes avec l'étranger. L'or et l'argent sont les seules bases de la circulation.

Les efforts pour maintenir le taux de l'escompte à un degré uniforme sont une folie. L'élévation est un signe et non la cause du mal. Le mal réel est la proportion altérée du capital et du crédit dont il est le correcteur.

L'élévation de l'escompte rend moins profitable l'exportation des métaux et plus avantageux l'exportation des produits leur bas prix amène les métaux, la monnaie, ce qui rétablit l'équilibre.

On ne peut donc, pendant les crises, remplacer l'or

qui fuit par une émission de billets. Le capital et le crédit forment les moyens de circulation, ils doivent augmenter et décroître ensemble. Une augmentation de la circulation sans augmentation du capital ne fait que diminuer ce que les Anglais appellent *currency*. Si la circulation métallique, augmente plus vite que le capital, la nature apporte un remède : elle est de suite exportée, ce qui ne peut arriver avec un papier inconvertible; le capital détruit, le papier reste.

Les banques de Venise, Hambourg, Amsterdam n'avaient qu'une circulation égale à leur encaisse, mais elles ne faisaient aucune opération de banque; c'est ce qu'on a cherché à imiter en Angleterre par l'acte de 1844, en remplaçant la réserve métallique en grande partie par les valeurs de l'État. D'après ce principe, chacun devrait pouvoir acheter des valeurs, rentes et actions, et avoir en même temps le capital en billets. Comment prétendre alors qu'il n'y en aurait pas plus que si la circulation était métallique. Les excès d'émission ne sont pas seulement indiqués par le montant de billets en circulation : l'escompte à bas prix cause une dépréciation non moins sensible. En effet, quand le change est défavorable, il est profitable d'exporter de l'or; aussi les personnes qui n'ont pas de besoins commerciaux fabriquent des billets uniquement en vue de les vendre, ce qui ne cause pas une augmentation de bank-notes; au contraire, ce que l'on demande, c'est de l'or pour l'exportation, et il s'écoule sans bruit.

De même l'escompte bas, plus bas que le cours, engage les étrangers à envoyer leurs dettes, et les remises sont faites au dehors, ce qui cause une exportation de l'or sans augmenter la circulation. La Banque, en réglant l'escompte de manière à ne pas mettre l'or au-dessous du prix courant, est assuré de ne pas éprouver de drainage par la spéculation des changes.

Une seule simple note émise contre une garantie en valeur publique est en tout semblable à un assignat, au système de Law.

Dans la dernière crise américaine, la moyenne de l'encaisse de banque n'était pas même descendue à la limite légale par rapport à la circulation, puisque le président l'évalue à 1/7, quand la législation l'a fixée à 1/2.

Ainsi, par le seul fait du remboursement facultatif, l'émission, malgré les besoins du capital, a été modérée. M. Buchanan se méprenait, en accusant l'émission exagérée des billets; il fallait se plaindre de la loi et de la spéculation. C'est le mauvais emploi des dépôts, que, à un moment donné, on n'a pu rembourser, qui a été la cause des plus grands embarras. Le billet a toujours circulé au pair, preuve qu'il n'y avait pas excès d'émission. Dès que la spéculation se fut retirée et que les marchandises eurent baissé de prix, le numéraire reparut. Dans les crises, on recherche le capital sous la forme où il se déprécie le moins, sous celle toujours acceptée, de numéraire. Il faut que le prix des choses exagéré, revienne à son taux normal.

A la fin de 1857, en France, les produits en entrepôt étaient plus du double de ce qu'ils étaient à la fin de 1855.

Les billets de complaisance furent aussi émis pour une somme énorme. Tooke estime la quantité de ces billets émis à 150 millions en 1850, 200 en 1856, 220 en 1857, tandis que la banque d'Angleterre n'avait que 37 millions sterling en circulation. On voit l'abus du crédit. Le papier de complaisance est une des causes de la crise, mais comment le reconnaître?

Parmi les causes si diverses, indiquons encore l'emploi d'un capital supérieur à celui que pouvaient fournir les ressources ordinaires, autrement dit l'épargne.

En France, pour satisfaire les besoins de la disette et de la guerre, le mouvement industriel inusité.

Aux États-Unis, pour soutenir la spéculation sur une grande échelle, en Angleterre de même. Partout la dépense a excédé l'épargne.

Pendant que tout augmente de 35 pour 100, les salaires n'augmentent que de 12 à 15 pour 100. La hausse des prix coïncidait avec une plus grande quantité de ces mêmes choses par rapport aux besoins. Les entrepôts en donnent la preuve en 1851 et 1857.

ÉTAT DES ENTREPÔTS EN FRANCE.

	Décembre 1851.	Décembre 1857.
Café.	75,000 quint.	210,000 quint.
Céréales.	30,000 —	102,000 —
Coton.	41,000 —	156,000 —
Fonte brute.	51,000 —	132,000 —
Laines.	25,000 —	72,000 —

La même situation, plus grave encore, se retrouvait à Hambourg, en Angleterre et aux États-Unis.

La baisse par laquelle la crise se liquide a été 30 à 50 pour 100 du 15 septembre au 15 janvier 1858, sur les cotons, les sucres, les cafés, la potasse, les cuirs, les peaux, le riz, les huiles, les suifs.

A Hambourg, la baisse a été de 100 pour 100.

Pour développer la richesse publique, rien n'a été comparable aux chemins de fer et à l'or de la Californie et de l'Australie, qui ont levé tous les obstacles sans pouvoir toutefois supprimer les crises commerciales. Pour y arriver, il faudrait restreindre le crédit et se priver de ce puissant levier. C'est la conclusion de M. Buchanan dans son message; il se demande s'il ne serait pas préférable de réduire les banques à l'état de simples banques de dépôt et d'escompte.

Ce ne sera pas la nôtre, deux ou trois mois de crise tous les six à sept ans ne nous ferons pas oublier la prospérité générale qui précède et qui suit, et dont le crédit est l'âme.

BANQUE D'ANGLETERRE

HISTORIQUE DES CRISES

Première période de 1799-1804.

La suspension des payements de la banque d'Angleterre (25 février 1797), avait été suivie d'un soulagement immédiat, par l'idée seule que la circulation en papier serait étendue. En une semaine la Banque augmenta sa circulation de deux millions de livres, en émettant des notes de deux livres et de une livre. La liquidation s'opéra, et dès 1798 le commerce reprenait une certaine activité, malgré un été défavorable et une hausse dans le prix du blé, qui de 61 sh. s'était élevé à 94, pour atteindre 134 sh. en 1800, malgré une terrible crise commerciale à Hambourg en 1799.

TABLEAU DES OPÉRATIONS DE LA BANQUE D'ANGLETERRE.

(Tout en millions de livres sterling, sauf les prix du blé et des consolidés.)

Années.	Other securities, escomptes et avances : Total annuel.	Other securities : Moyenne annuelle.	Other securities, moyenne trimestrielle : Maxim.	Other securities, moyenne trimestrielle : Minim.	Taux de l'intérêt : Maxim.	Taux de l'intérêt : Minim.	Réserve métallique : Maxim.	Réserve métallique : Minim.	Circulation, Banque d'Angleterre, moyenne annuelle : Maxim.	Circulation, Banque d'Angleterre : Minim.	Circulation, Banques d'Angleterre, d'Écosse et d'Irlande : Maxim.	Circulation, Banques d'Angleterre, d'Écosse et d'Irlande : Minim.	Dépôts, moyenne annuelle : Maxim.	Dépôts : Minim.	Avances : Total annuel.	Prix du blé (l. sh.)	Commerce anglais, Importations : Valeur déclarée.	Importations : Valeur actuelle.	Exportations : Valeur déclarée.	Exportations : Valeur actuelle.	Prix des consolidés.
1800. .		6.4	6.9	6.0	5 °/o		6.1	5.1	15.4	14.9						5.13					
1801. .		7.9	8.6	7.3	5		4.6	4.3	16.4	15.2						5.19	31		39		67
1802. .		7.5	7.7	7.0			4.1	3.8	17.3	15.5						3.09	29		45		
1803. .		10.7	11.0	10.0			3.7	3.5	17.2	15.6						2.18	26		36		50
1804. .		9.9	11.5	9.1			5.8	3.3	17.6	17.1						3.02	27		37		58
1805. .		11.3	11.8	10.6			7.6	5.8	17.6	16.4						4.09	28		38		
1806. .		12.3	12.4	12.2			6.2	5.9	17.0	16.6						3.19	26		40		
1807. .		13.4	13.9	12.9			6.4	6.1	16.9	16.4			1.5			3.15	26		37		
1808. .		12.9	13.2	12.3			7.8	6.0	17.4	16.6			1.9			4.01	26		37		
1809. .		15.4	16.4	14.6			4.4	3.6	19.9	17.8			1.4			4.17	31		47		
1810. .		20.0	21.4	18.8			3.5	3.1	24.2	20.4			1.4			5.06	39		48		71
1811. .		14.3	16.9	12.9			3.3	3.2	23.3	22.9			1.5			4.15	26		32		
1812. .		14.2	15.5	13.5			3.0	2.9	23.4	22.9			1.7			6.06	26		41		
1813. .		12.3	13.2	11.2			2.8	2.7	24.2	23.9			2.3			5.09					54
1814. .		13.2	14.2	11.9			2.2	2.0	28.6	25.1			1.6			3.14	33		45		72
1815. .		14.9	16.6	13.6			3.3	2.0	27.2	26.1			1.3			3.05	32		51		53
1816 .		11.4	14.3	7.3			9.6	4.5	27.2	26.1			1.6			3.18	27		41		
1817. .		3.9	5.8	2.5			11.7	9.8	29.5	27.1			1.6			4.16	30		41		84
1818. .		4.3	6.8	2.8			10.4	5.0	28.4	26.0			1.6			4.06	36		46		
1819. .		6.5	8.3	5.0			4.4	3.6	27.9	22.3			1.7			3.14	30		35		64
									A												
1820. .		3.8	4.8	3.1			10.0	4.9	26.5	22.1			1.3			3.07	32		36		
1821. .		2.6	3.2	2.2			11.9	11.1	25.9	17.3			1.3			2.16	30		36		
1822. .		3.3	3.7	3.1	4		10.9	9.9	20.8	16.9			1.3			2.04	30		36		
1823. .		3.1	4.1	2.3			13.7	10.3	20.3	16.3			2.3			2.13	35		35		
1824. .		2.3	2.5	2.2			13.7	11.4	23.0	17.2			2.3			3.05	37		38		96
1825. .		4.9	7.8	2.4	5		8.8	3.0	25.7	17.4			2.6			3.08	44		38		
1826. .		4.9	9.5	2.1			8.0	2.5	26.1	19.0			3.3			2.18	37		31		
1828. .		1.1	2.1	1.1			10.5	8.9	22.9	19.2			5.7			3.07	45		36		
1829. .		2.2	3.9	2.1			8.2	6.2	21.8	17.7			5.2			3.06	43		35		94
1830. .		0.9	1.9	1.2			11.4	9.1	21.8	17.8			5.5			3.04	46		38		
1831. .		1.5	3.7	2.5			8.1	5.1	20.4	16.7			5.2			3.06	40		37		74
			A										A								
1832. .			5.9	4.1			9.8	4.0	19.0	16.0						2.18	44		36		
1833. .			7.5	3.8			11.4	9.5	20.0	17.0						2.12	45		39		
1834. .			10.5	6.4			10.1	6.5	20.0	16.0	38.1	36.5	15.0	12		2.06	49		41		93
1835. .			17.1	7.0			7.7	5.9	19.0	16.0	38.0	36.2	17.0	10		1.19	49		47		
1836. .			19.5	10.2			8.0	3.8	19.0	17.0	39.5	36.7	19.0	12		2.18	57		53		86
1837. .			19.3	9.2			9.7	3.8	20.0	16.0	38.5	35.9	14.0	10		2.15	54		42		
1838. .			9.9	7.4			10.5	9.0	20.0	17.0	40.4	37.8	11.0	8		3.04	61		50		95
1839. .			13.8	7.8			9.0	2.4	19.0	15.0	40.7	35.7	10.0	5		3.10	62		53		
1840. .			13.4	6.7			4.8	3.0	18.0	15.0	37.4	34.5	7.0	6		3.06	67		51		85
1841. .			11.9	6.1			5.6	3.9	18.0	15.0	38.3	34.0	7.0	7		3.04	64		51		
1842. .			11.4	6.4			11.1	5.4	20.0	16.0	36.0	33.0	9.0	7		2.17	65		47		
1843. .			7.0	5.6			14.9	10.8	21.0	18.0	36.6	33.4	12.0	10		2.10	70		52		
1844. .	2.6		11.0	5.9	2 1/2		16.3	14.0	21.9	18.9	39.5	35.7	15.0	11		2.11	75		58		101
1845. .	18.5		16.3	8.5	3	3 1/2	16.6	13.3	22.2	19.5	42.6	37.9	18.0	13	13.3	2.10	85		60		100
1846. .	34.2		23.2	12.1	3		16.3	13.1	21.4	19.2	41.0	36.9	24.0	13	20.5	2.14	75		57		
1847. .	38.3		21.4	14.0	8	3 1/2	14.9	8.3	20.8	17.7	39.9	32.1	17.0	11	21.2	3.09	90		58		78
1848. .	8.8		16.0	10.6	5	3	15.0	17.0	19.1	16.7	33.8	30.8	17.0	12	2.9	2.10	93		52		79
1849. .	4.5		11.8	9.5	3	2 1/2	17.0	14.0	19.7	17.2	33.6	30.4	19.0	14	6.0	2.04	105		63		97
1850. .	7.4		14.4	9.6	3	2 1/2	17.0	14.0	20.0	18.0	35.1	32.1	20.0	15	12.3	2.00	100		71		
1851. .	15.2		15.1	11.3	3	3	17.0	13.0	20.0	18.0	35.2	32.1	20.0	13	9.9	1.18	110		74		
1852. .	7.7		14.1	10.6	2 1/2	2	22.0	17.0	25.0	19.0	39.9	33.4	21.0	16	6.0	2.00	109		78		101
1853. .	25.9		19.1	12.4	5	2 1/2	20.0	14.0	25.0	20.0	41.2	37.1	22.0	14	12.5	2.13	123		98		101
1854. .	21.6		16.7	13.0	5 1/2	5	16.0	12.0	22.0	19.0	40.5	35.5	17.0	12	9.6	3.12	124	152	97	115	
1855. .	22.1		19.9	12.3	7	3 1/2	18.0	10.0	20.0	18.0	39.0	36.0	19.0	13	7.7	3.14	117	143	95	116	
1856. .	30.9		21.5	13.0	7	4 1/2	15.0	9.0	21.0	18.0	39.8	35.5	18.0	13	29.4	3.16	131	172	115	139	85
1857. .	49.1		31.3	15.8	12	5 1/2	11.0	6.0	21.0	18.0	37.9	36.1	22.0	14	30.3	2.13	153	187	122	146	
1858. .			25.0	14.0	6	2 1/2	19.0	12.0	22.0	20.0							133	164	116	139	
1859. .			19.0	16.0	4 1/2	2 1/2	19.0	16.0	23.0	21.0							143	179	130	155	
1860. .			24.0	19.0	6	2 1/2	16.0	12.0	24.0	20.0	41.8	37.5					169		135		
1861. .			21.0	16.0	8	3	14.0	10.0	21.0	19.0									125		

A D'après les comptes rendus hebdomadaires.

Paix d'Amiens, 27 mars 1802.

L'insuffisance de la récolte se fait sentir jusqu'en 1801, où le blé se vend 156 sh. Mais la paix d'Amiens vient, en ramenant l'espoir, donner une impulsion favorable aux affaires. La suspension des payements devait cesser six mois après; par prudence un bill l'éloigne jusqu'au 1er mars 1803. On était dans l'erreur en prétendant que le change défavorable et l'exportation de l'or ne permettaient pas de reprendre les payements en espèces.

C'était le contraire qui était vrai. En faisant rentrer le papier, la hausse factice des prix empêchant l'exportation disparaissait, et le commerce reprenait son cours régulier.

Mais le bas prix du blé qui était revenu, et la confiance dans l'avenir, contre-balancent et l'emportent sur toutes les mauvaises influences, le développement des escomptes en fait foi : de 1800 à 1803, ils s'élèvent de 7 millions de livres sterling à 14 millions seulement pour la banque d'Angleterre,

BANQUE D'ANGLETERRE.

	Circulation.	Réserve métallique.	Escompte.
1800.	16 millions.	6 millions.	7 millions.
1801.	16 —	4 —	8 —
1802.	17 —	4 —	13 —
1803.	15 —	3 —	14 —
			Crise.
1804.	17 —	3 —	12 —
			Liquidation.
1805.	16 —	5 —	11 —

comme le tableau précédent l'indique.

Malheureusement, nous ne possédons qu'un relevé incomplet des opérations de la banque d'Angleterre, ce qui a causé beaucoup d'embarras pour la suite de ces recherches. Les relevés très-nombreux et très-détaillés imprimés dans le gros *blue books* par ordre du parlement ne donnent la situation de la Banque qu'à un jour fixe, par exemple, depuis 1778, le 29 février et le 31 août, sans donner le compte rendu annuel. Depuis 1800, on a une moyenne annuelle des escomptes; enfin, depuis l'acte de 1844, outre le relevé hebdomadaire publié dans la *Gazette*, on donne le relevé annuel des escomptes dans un tableau destiné à indiquer la somme des billets escomptés aux divers taux de l'intérêt pendant l'année. Malgré ce que ces documents laissent à désirer, nous y trouvons la confirmation parfaite de tout ce que les relevés annuels de la banque de France nous avaient appris. Le développement et la dépression des escomptes suivent la même marche.

La rupture de la paix d'Amiens précipite la crise, la réserve métallique de 6 millions tombe à 3, l'escompte de 6 millions s'élève à 11, la circulation seule varie de 1 million. Tooke prétend que depuis 1797 et la suspension des payements de la Banque, le compte courant du Trésor variait de 11 à 12 millions. A la même époque, les avances de la Banque au gouvernement, ne dépassaient pas 14 millions, de sorte que la véritable avance n'aurait pas excédé 3 millions. Le maximum des avances n'eut lieu que plus tard, pendant les deux dernières années de la guerre et les cinq premières de la paix. Au même moment, le gouvernement français, en ne remboursant pas les billets escomptés par la Banque, détermine la suspension des payements (1805-1806).

Deuxième période de 1805-1810-1815.

La liquidation de la crise se fit, en 1804, sans causer de grands désastres; l'escompte tomba à 9 millions, la circulation à 16; la réserve métallique se relève de suite à 5 millions. La guerre avait repris avec fureur, et, malgré les obstacles de tous genres, les décrets de Berlin, le blocus continental, le commerce britannique s'était lancé de nouveau dans les entreprises et la spéculation, éléments ordinaires de son existence. Un trafic immense s'établit sur les soies et les laines en Italie, en Espagne; on exporte des masses de produits au Brésil et dans l'Amérique espagnole pour rétablir les débouchés fermés en Europe.

Des sociétés se forment pour des ponts, des canaux; on jette les fondations des futurs ponts de Waterloo et du Waux-Hall : tout est souscrit avec empressement.

A l'élévation des prix de toutes les marchandises succède l'élévation des salaires, mais elle n'est pas comparable à la hausse des produits. A l'aide des licences on élude le blocus, comme l'indique le tableau suivant des importations.

	Sucre.	Laines.	Soies.	Suif.	Coton.
1804.	3,7	2,5	0,63	0,1	43
1809.	4,0	6,8	0,69	0,3	92
1810.	4,8	10,9	1,34	0,4	136
1811.	»	4,7	0,62	»	91

La moyenne trimestrielle de l'escompte de la Banque, de 11 millions en 1805 s'élève à 27 millions en 1810, près du double; la circulalation de 16 à 24; la réserve métallique baisse de 7 à 3 millions.

Le déficit de la récolte en 1809 élève le prix du blé de 3 à 5 livres (l'impérial quarter). Napoléon accorde même des licences pour exporter du blé qui, n'ayant monté que de 14 fr. à 19 fr., était relativement meilleur marché.

En 1809, les subventions aux puissances étrangères sont telles que, les exportations n'y pouvant suffire, il faut payer en or.

Subvention aux puissances étrangères.			Importations des céréales.		
1808.	9	millions.	1808.	0,3	millions.
1809.	10	—	1809.	2,7	—
1810.	12	—	1810.	7,0	—

Ce qui formait une somme totale à payer au dehors de près de 45 millions de livres, plus de 1 milliard de francs.

Il y a engorgement, un temps d'arrêt est nécessaire pour se liquider. Le portefeuille de la Banque, de 23 millions, retombe et se vide à 12. Le 11 avril 1811, on fait passer un bill qui accorde une avance de 6 millions en bons de l'Échiquier aux marchands embarrassés; c'était une sorte de prêt sur garantie : deux seulement furent nécessaires pour soulager la position. L'expulsion des Français du Portugal, les succès en Espagne favorisent le commerce; sur le point de faire partie de la coalition, la Russie ouvre ses portes. Les guerres d'Espagne et de

Portugal avaient rendu leurs colonies indépendantes, ce qui ouvrit au commerce anglais toute l'Amérique du Sud. Une frénésie s'empare de la nation, les projets naissent comme des champignons, le pays se couvre de country banks comme avant 1793. En 1797 on les avait réduites à 270, en 1808 on en comptait 600, en 1810 720. On suppose qu'elles avaient émis pour 30 millions de livres. A la même époque, la Banque d'Angleterre avait porté sa circulation à 24 millions; devant une aussi grande émission le prix de l'or augmente en cédant la place au papier.

Les mauvaises récoltes continuent; en août 1811, le blé est coté de 156 à 180 sh. On pense que ce haut prix sera permanent; la rente des landlords s'élève avec les fermages; sous l'influence du blocus, des hauts prix des produits agricoles, de l'augmentation des baux, s'organisent d'immenses spéculations sur les terres; le Land-Jobbing devient général; tout le monde en est avide. Cependant la suspension du travail dans les manufactures, en 1810-1811, avait causé un grand malaise et des troubles sérieux dans les districts.

En 1810-1811-1812, on avait compté 7,042 banqueroutes, plus que jamais auparavant. La Banque, à l'abri de toute demande de remboursement, au lieu de restreindre sa circulation, n'avait pas craint de l'étendre et de faciliter ainsi la spéculation par le crédit. Le nombre des banques avait beaucoup augmenté, de 728 en 1811 à 940 en 1813.

La récolte de cette dernière année avait été abondante; le blé était tombé de 155 sh. à 68; la liquidation était terminée, les ruines avaient disparu; la retraite de Russie allait ouvrir de nouveaux ports; après Leipsick, ceux de l'Allemagne furent libres. A la vue des nouveaux débouchés fermés jusqu'alors, l'esprit d'entreprises s'éveille. La fin de la guerre fut saluée par l'espoir d'une demande illimitée.

Au printemps de 1814, la spéculation était au maximum; la paix de Paris supprime tous les obstacles; on suppose que la France, privée de produits coloniaux (le système continental était si rigoureux que le café, payé 4 den. en Angleterre, coûtait 4 et 5 sh. la livre en France), les achèterait à tout prix. Tout le monde spécule; chacun se mêle de charger des navires de sucre et de café pour le continent.

	1811-1812.	1813-1814.
Prix du café.	54 sh.	118 sh.

Cette hausse en vue de la paix atteignit son maximum quand elle fut conclue; au même moment les produits de l'agriculture baissent de 50 pour 100. La disette et la dépréciation des bank-notes, qui avaient élevé les prix, firent entreprendre des spéculations folles sur la terre; on espère, et on travaille en vue des prix de famine. Les prix des produits commerciaux s'élevèrent à un taux inconnu; tout à coup il y eut un retour et une baisse énorme. Les désastres commencèrent à l'automne de 1814 et se succédèrent en 1815, 1816, 1817; 240 country-banks succombèrent.

Dans cette détresse on réclame la protection de la loi.

C'est alors qu'intervient le bill de 1815, l'échelle mobile destinée, du moins on le croyait, à empêcher le blé de tomber au-dessous de 80 sh. le quarter, ce qui ne l'empêche pas de descendre à 40 sh.

Crise de 1815-1816.

Depuis la liquidation de la crise de 1810, les escomptes avaient repris leur progression accoutumée; de 12 millions en 1811, ils s'élèvent à 16 millions en 1816, pour retomber à 2 millions en 1817.

La circulation de 22 millions (1811) s'élève à 28 en 1814, retombe à 26 en 1816, pour atteindre 29 millions, son chiffre maximum, en 1817, au moment où les emprunts du continent en France et en Allemagne soutirent le numéraire.

La réserve métallique, préservée par la suspension des payements, s'était constamment élevée, de 2 millions en 1812, à 7 en 1816, 11 en 1817, octobre. On avait même repris des payements partiels sans grandes demandes; mais, par suite des emprunts, une nouvelle suspension eut lieu dans les premiers six mois de 1818.

Le tableau des importations et des exportations de la Grande-Bretagne présente les mêmes oscillations que les escomptes.

Les importations s'élèvent, de 26 millions après la liquidation de la crise, en 1806, à 39 millions au plus fort de la crise de 1810, retombent à 26 millions en 1811, pour remonter à 33 en 1814 et redescendre à 27 pendant la liquidation, en 1816.

Les exportations des produits coloniaux et des produits britanniques suivent le même mouvement, comme l'indique le tableau ci-joint[1] : de 37 millions en 1807, les exportations s'élèvent à 48 millions en 1810, s'affaissent à 32 en 1811, pour atteindre 51 en 1815 et retomber à 41 en 1816, ce qui reproduit fidèlement les contractions et les extensions du crédit et de la spéculation.

TABLEAU DES PRIX.

	Avant la crise 1813-1814.		Après la crise 1816.	
Café	118	shillings.	77	shillings.
Sucre	110	—	44	—
Coton	2	—	1	—
Cuivre	140	—	85	—
Plomb	33	—	18	—
Étain	174	—	102	—

Les prix du blé en hausse et en baisse n'avaient pas été sans influence sur les périodes prospères et de crises depuis 1800.

PRIX DU BLÉ.

1800	5 livres.
1803	2
1810	5
1812	6
1814	3
1818	4,16

De 5 livres l'impérial quarter en 1800, le prix du blé descend à 2 livres en 1803, remonte à 5 livres en 1810 et même 6 en 1812, pour revenir à 3 livres en 1814 et remonter encore à 4 liv. 16 sh. en 1818. Les bas prix

[1] Page 42.

dans les années prospères, les hauts prix dans les années de crise se trouvent ainsi suffisamment indiqués, il serait difficile de méconnaître l'importance de cette coïncidence, pour ne pas dire plus.

Période de 1815-1818 et 1818-1825.

La liquidation de la crise de 1815-1816 était presque terminée en 1817 ; de 16 millions de livres sterling, la moyenne trimestrielle des escomptes de la banque d'Angleterre était tombée à 2 millions (1817).

La réserve métallique, de 2 millions (25 fév. 1815) était remontée à 12 millions (11 octobre 1817).

La circulation de la banque d'Angleterre, après avoir fléchi de 28 à 26 millions (1814-1815), se relève à 27 et enfin à 29 millions en 1817 : ce fut, en moyenne trimestrielle, le chiffre maximum pendant la suspension des payements depuis 1797.

Les banques des comtés restées debout ayant restreint leur émission, la banque d'Angleterre augmente la sienne, émet 3 millions de billets pour combler en partie le vide causé par la diminution du papier-monnaie des établissements qui avaient sombré; sous l'influence de cette suppression forcée, il revient au pair. Le prix de l'or en échange du papier s'abaissa de 6 liv. 5 sh. à 3 liv. 18 sh. Le change sur Paris s'éleva de 19 sh. à 26 sh., ce que l'on comprend aisément quand on remarque que la circulation des country-banks égalait trois fois celle de la banque d'Angleterre.

A la suite de pertes immenses le crédit fut très-restreint en 1816; dès le mois d'octobre de la même année, la Banque avertit qu'elle payera en espèces, à partir du 2 mai 1817, les notes de 1 et 2 livres antérieures au 1er janvier 1816; presque aucune demande n'eut lieu.

De 1814 à 1816 les importations étaient tombées de 33 millions de liv. st. à 27. Les exportations de 51 à 41 millions.

La moyenne trimestrielle des escomptes, descendue à 2 millions pendant les derniers mois de 1817, commence à se relever; le mouvement reprend à la fin de 1818 : elle est déjà de 6,800,000 liv. sterl., et enfin de 8,300,000 en 1819. — Les emprunts, qui suivirent la conclusion de la paix en France, en Prusse, en Autriche, soutirèrent l'or de l'Angleterre. Cet effet se manifesta en avril 1817, par la baisse du change sur Paris et Hambourg et la hausse du prix de l'or.

Change sur Paris.	23 fr. 50
Prix de l'or.	4 liv. 3 sh.

Le drainage du numéraire de l'or en particulier se fit surtout sentir pendant l'année 1818. De 10 millions liv. st. le 26 fév. 1818, la réserve métallique tomba à 8 en mai, 6 en août, 5 en novembre, 4 en février 1819, 3,800,000 en mai et enfin à 3,600,000 liv. st. en août; ce fut le dernier terme.

Sur le rapport de R. Peel, on limita d'abord les payements dès que l'on s'aperçut des envois sur le continent; mais cette mesure impuissante devait conduire à une nouvelle suspension dans les premiers six mois de 1818.

La crise de 1818 fut le résultat de l'exagération de la

spéculation, qui recherchait les emprunts plutôt que les matières premières. A ces embarras s'ajoutaient la mauvaise récolte de 1816 et la famine de 1817, qui s'étendit à toute l'Europe. On tirait des céréales du marché anglais au prix de 115 sh. par quarter. De 3 liv. 5 sh. en 1815, le prix moyen du blé s'était élevé à 4 liv. 16 sh. en 1817 et 4 liv. 6 sh. en 1818. Dès la fin de l'année les grains et les autres produits arrivèrent sur une immense échelle, malgré la barrière de l'échelle mobile qui, établie en 1815 pour maintenir le blé au-dessus de 80 sh. par quarter, ne l'empêcha pas de tomber à 40 sh.

En présence de ces demandes diverses de l'or pour l'étranger, la Banque ne prend aucune mesure, elle augmente même ses avances au gouvernement de 20 à 28 millions de liv. Les banques privées augmentent leurs émissions de 4,293,000 liv. à 8,775,000, tandis que la circulation de la banque d'Angleterre s'élevait seulement de 17,700,000 liv. à 20,900,000. N'oublions pas que toute ces opérations se faisaient à la faveur de la suspension des payements. Aussitôt que les besoins furent moins pressants, parut le bill de 1819 pour la reprise des payements à la Banque, dont R. Peel fut un des principaux défenseurs, après avoir voté contre en 1811 ; suivant les mouvements de l'opinion publique comme il le fit pendant toute sa vie, l'avouant sans remords et sans honte, faisant seulement observer qu'alors il se trouve éclairé.

La dépréciation des notes de 20 pour 100 en 1812, de 23 pour 100 en 1813, de 25 pour 100 en 1814 (où elle était à son maximum), avait disparu sans l'intervention du pouvoir, par l'effet seul de la crise. L'acte du parlement ne faisait que constater un fait accompli, puisqu'il était postérieur.

Au déficit de la récolte succéda l'abondance; la grande importation à la fin de 1818 et les hauts prix, justifiés par la récolte antérieure, menaient à la chute des prix en 1819. Les années suivantes, d'heureuses récoltes déterminent une grande baisse des produits de l'agriculture. Nous entrons dans une période de grande prospérité, la réserve métallique ayant atteint 11,900,000 liv. st. en mai 1821, le taux de l'intérêt à 4 pour 100, la Banque reprit enfin ses payements en espèces.

On avait fini par comprendre qu'il n'y a qu'un moyen de retenir les métaux précieux, c'est de restreindre la circulation du papier.

En 1696 on comprenait très-bien l'élévation du prix de la monnaie et l'abaissement du change; en 1811 on refusait d'y croire. La différence provenait de ce que, en 1696, la monnaie avait perdu de son poids; en 1811, elle éprouvait une perte relativement aux bank-notes, ce qui n'était sensible que par le raisonnement.

En avril 1822, le parlement autorise la banque d'Angleterre et les country-banks à étendre la circulation des petites notes au-dessous de 5 livres, jusqu'en 1833. La banque d'Angleterre, qui était en mesure de les rembourser aux termes du bill de 1819, se trouvait en possession d'une quantité peu ordinaire de numéraire, 14 millions de livres sterling. Aussitôt que les country-banks purent émettre des notes, la quantité augmenta d'une manière sensible; une apparente prospérité suivit la hausse de toutes les marchandises et permit de réduire l'intérêt de la dette publique. Le navy 5 pour 100 fut réduit à 4 pour 100, le 4 pour 100 à 3 1/2; pour cette réduction, qui s'éleva à 100 millions et causa quelque mécontentement, la Banque avance 5 millions. Cette diminution des rentes force à restreindre les dépenses ou à chercher ailleurs un plus grand profit, un placement plus avantageux. De 1823 à 1824 le développement de l'industrie fut rapide; les demandes continuant, on tâche de les satisfaire par une spéculation effrénée, au nom des personnes étrangères à toute industrie et dans des articles qu'elles ne connaissaient pas, entraînées qu'elles étaient par la vue des bénéfices réalisés et les excitations de leurs agents de change (brokers). Une fièvre de spéculation s'empare du public, tout projet, quelque absurde qu'il soit, trouve preneur.

La reconnaissance de l'indépendance de l'Amérique du Sud et du Mexique, à la suite de la guerre d'Espagne, fait escompter tout le bénéfice que l'on se promet par suite de l'ouverture de ces nouveaux marchés ouverts et des mines inépuisables du Brésil, du Pérou et du Chili. Des compagnies sous toutes les formes se constituent, les actions de la Société d'assurances britannique et étrangère, sous les auspices de M. de Rothschild, sont cotées de suite avec une grosse prime, les souscriptions dépassent de beaucoup les sommes demandées; tous les projets sont bons pour l'emploi du capital. La pêche des perles sur la côte de la Colombie, la colonisation des terres incultes, les sociétés d'assurances sur la vie, l'incendie, etc., les compagnies de navigation, les brasseries, les docks pour le charbon; une société même se forme pour dessécher la mer Rouge, afin de retirer l'or laissé par les Égyptiens après le passage des Hébreux : elle trouva des souscripteurs! Le premier versement ne dépasse pas 5 pour 100, ce qui augmente le bénéfice des primes pour un faible risque. On expose sa fortune dans des entreprises dont on ne connaît que le nom, les actions de mines anglo-mexicaines, sur lesquelles il n'y avait que 10 liv. payées, étaient cotées 43 liv., le 10 décembre 1824, et 150 liv. le 11 janvier 1825!

Cet état dura pendant toute l'année 1824. En 1825, les spéculations en marchandises prennent le dessus, toutes les branches de l'industrie étaient prospères, partout on construit : l'argent était tellement abondant que les hommes d'entreprises qui en manquaient en trouvaient toujours.

D'innombrables joint-stock-companies mettent en circulation une plus grande somme de moyens de circulation. Ce stimulus artificiel donne chaque jour naissance à un nouveau projet. Cependant l'augmentation de la circulation des banques des comtés ne pouvait s'harmoniser avec l'acte de 1819; les directeurs, voyant le danger, mais trop tard, demandèrent au gouvernement de rappeler l'acte qui permettait l'émission des petites notes au-dessous de 5 livres jusqu'en 1833.

Le flot de richesse qui allait inonder le monde devait partir du Mexique, et plus l'origine était obscure, plus l'opinion s'enflammait; on se précipite sur les emprunts des jeunes républiques.

LISTE DES EMPRUNTS.

1821-1825.

Année	Pays	Montant
1821.	Espagne. . .	1,500,000
1822.	Prusse.. . .	3,500,000
	Russie. . . .	3,500,000
	Colombie. . .	2,000,000
	Chili.. . . .	1,000,000
	Pérou. . . .	400,000
1825.	Danemark. .	3,500,000
	Grèce. . . .	2,000,000
	Brésil. . . .	2,000,000
	Guatemala. .	1,400,000
	Guadalaxara..	600,000
	Mexico.. . .	3,200,000
	Pérou. . . .	600,000
		13,344,000

Année	Pays	Montant
1823.	Espagne. . .	1,500,000
	Portugal. . .	1,500,000
	Autriche. . .	3,500,000
1824.	Naples. . . .	2,500,000
	Grèce. . . .	800,000
	Brésil. . . .	3,600,000
	Buénos-Ayres.	1,000,000
	Colombie. . .	4,700,000
	Mexico.. . .	3,200,000
	Pérou. . . .	700,000
		16,600,000

1° Total des cinq années.	48,480,571 livres.
2° Capital immobilisé dans les mines et les compagnies étrangères, 24 millions de fr., dont le 1er versement de 1 dixième, soit. . . .	2,400,000
3° Projets divers, capital s'élevant à 156 millions de livres, le versement variant de 0 à 10 pour 100.	7,838,000
Total.	58,718,171 livres.
	1,500,000,000 fr.

La hausse des prix fait toujours croire qu'elle sera permanente; tout le monde emprunte en 1824 et 1825; la réaction prend place dans la seconde moitié de l'année, quand les entrepôts furent remplis à des hauts prix : la baisse commence dans les six derniers mois de 1825.

Les importations, de 30 millions en 1822 s'étaient élevées à 44 en 1825, elles retombent à 37 en 1826.

Les exportations, de 33 millions s'élèvent à 48 en 1824, retombent à 40 en 1826.

IMPORTATIONS.

	1824.	Prix.	1825.	Prix.	1826.	Prix.
Café.	9,9	58 sh.	23,0	76 sh.	11,6	47 sh.
Coton.	141,0	7 1/2	202,5	16	162,8	6 1/8
Laine.	22,5	»	43,8	»	15,9	»
Soie.	1,8	14	2,0	18	0,6	13
Sucre.	»	29	»	41	»	28

Avec de pareilles variations dans les prix, de grandes faillites eurent lieu parmi les spéculateurs en coton, surtout à Liverpool. La dépression fut complète en 1826; les prix pour la plupart des produits étant revenus au-dessous de leur point de départ, la liquidation put s'effectuer.

Alors tout devient invendable, les offres ont remplacé les demandes pour les emprunts et les actions; la prime, seul but des souscripteurs, ayant disparu, les versements ne se font plus, on se liquidait; le taux de l'intérêt s'était relevé. Pendant un temps, les bénéfices réalisés à la hausse apportaient aux détenteurs un fonds de crédit additionnel comme un capital nominal, avec lequel ils achetaient d'autres objets d'échange, mais l'émission continue des emprunts, l'absorption du capital, la pesanteur de la prime engagent à réaliser : dès que le mouvement ascensionnel s'arrête, la baisse suit.

Le numéraire, qui, en 1822, affluait à la Banque au point que, pour l'employer, elle offrait de prêter sur mort-gages en baissant à 4 pour 100 le taux de l'intérêt, se trouve réduit, en 1824, de 14 millions à 10. En février 1825 une nouvelle réduction de 3 millions au moment où les escomptes augmentaient de 6 millions. Le 17 décembre 1825, il ne restait que 1 million dans les caisses; lord Ashburton dit même qu'un certain jour il ne restait quasi rien.

DIMINUTION DE L'ENCAISSE DE LA BANQUE.

	1824.	1825.
Janvier.	13,500,000 livres.	9,400,000 livres.
Février.	13,800,000	8,800,000
Mars.	13,800,000	8,100,000
Avril.	13,400,000	6,600,000
Mai.	12,800,000	6,100,000
Juin.	12,800,000	5,400,000
Juillet.	11,800,000	4,100,000
Août.	11,700,000	3,600,000
Septembre.	11,800,000	3,400,000
Octobre.	11,400,000	3,100,000
Novembre.	11,300,000	3,000,000
Décembre.	10,700,000	1,200,000

Le maximum de la crise eut lieu du 12 au 17 décembre 1825; le 13 décembre on élève l'escompte à 5 pour 100. La Banque avait adopté une règle de conduite différente de celle de 1797 : pendant trois semaines elle double ses escomptes en émettant pour 5 millions de notes.

ÉMISSION DES NOTES.

1825.	3 décembre.	17,000,000 livres.
—	10 décembre.	18,000,000
—	17 décembre.	23,900,000
—	24 décembre.	25,600,000
—	31 décembre.	25,700,000
1826.	Janvier.	26,100,000
—	Décembre.	19,000,000

On emploie à cet usage un vieux paquet de bank-notes de 1 livre oublié dans une armoire; on prétendit qu'elles sauvèrent la Banque, ce qui est douteux; la presse pour l'or ayant eu lieu la semaine précédente, le change tourna fort heureusement en faveur de l'Angleterre, et le danger fut conjuré. La circulation de la banque d'Angleterre, de 16 millions liv. sterl. en 1822, s'était peu à peu élevée à 20 en 1823, 23 en 1824, 25 en 1825, décembre, enfin 26 en 1826; pendant la liquidation, en décembre, elle était déjà retombée à 19.

Les escomptes des 2 millions liv. sterl. en 1821 s'étaient élevés à 7 en 1825 et enfin à 12 millions en février 1826; au moment où les recours à la Banque diminuant, le portefeuille allait se vider. En août il était réduit à 7 millions, 4 en février 1827 et à 1 million seulement en août; la liquidation était complète.

Au moment de la panique, soixante banques avaient suspendu, entre autres la London-bank (the house Pole and Co.); du 12 au 13 décembre, selon M. Huskisson, personne ne voulait se séparer de son argent; la méfiance succéda à la plus grande confiance; l'argent se retire et ne veut plus paraître, même pour les projets les plus sûrs, lui qui se jetait sur les plus douteux. On ne vend que pour les besoins du jour; le taux de l'intérêt étant limité à 5 pour 100, fit beaucoup de mal, en empêchant tous les escomptes au delà de 90 jours, terme accordé par la Banque. Les négociants furent forcés de vendre à 20 et 30 pour 100 de perte quand ils auraient trouvé à emprunter à 7, 8 et 10 pour 100. Après de si belles espérances, le bouleversement fut complet; la gêne fut d'autant plus vive que Mac Culloch estime la circulation du papier, en 1825, 50 pour 100 plus grande qu'en 1823. Cet excès de circulation amène la baisse du change. La Banque avait fait de fortes avances pour la conversion du 4 en 3 1/2 pour 100; elle ne mit des obstacles qu'au moment des plus grands besoins, en 1825. La difficulté de tirer sur elle interrompit les opérations des country-banks; on réclama les dépôts; ce fut un sauve qui peut général; on demanda de l'or, non pour exporter, mais pour éviter sa dépréciation. Les trente-six banques balayées en six semaines produisirent dans la spéculation un vide de 8 à 10 millions, qui fut comblé par la banque d'Angleterre. Dans les crises, les banques et les banquiers succombent les premiers, tout le monde se précipitant sur les caisses; les maisons de commerce se soutiennent plus longtemps, parce que leurs dettes sont à terme.

Comme en 1793 et 1811, le commerce demande une avance en bons de l'Échiquier; les ministres refusent. On presse la Banque de faire des avances dans certains cas, sans dépasser 3 millions, ce que, contrainte et forcée, elle se décide enfin à faire; la somme ainsi prêtée ne dépasse pas 400,000 liv.; d'ailleurs la crise était à son terme.

A la fin de 1826 il n'y en avait plus de traces; en 1827, les prix sont modérés, l'argent facile, la Banque escompte à 4 pour 100. Les mêmes phénomènes s'étaient produits aux États-Unis, surtout pour leur principal commerce, le coton.

Au sortir de cette convulsion, le parlement tâche d'aviser pour en prévenir le retour. Comme toujours, on accuse le gouvernement, les banques locales, la banque d'Angleterre. Après avoir permis la circulation des notes au-dessous de 5 liv., on la défend en Angleterre, sauf plus tard à appliquer cette mesure à l'Écosse et à l'Irlande. Walter Scott réclame; le ministère recule. On accusait aussi, non l'excès de la circulation du papier, mais le trop grand capital prêté; comme preuve, on signalait l'augmentation de 8 millions de papier escompté, en août 1825, de plus qu'en août 1822, et la diminution de 6 millions et demi dans la réserve métallique; mais il suffit de réfléchir pour voir l'erreur. L'avance d'un capital ne peut affecter la circulation et le change : ce n'est pas l'avance, mais le mode de l'avance qui cause la crise. La Banque ne prit aucune mesure pour réduire la circulation et rétablir le change au pair : selon Mac Culloch, elle devait élever le taux de l'intérêt, vendre une partie de ses valeurs et réduire l'émission; cela fait en temps opportun, elle n'eût pas perdu plus de 2 à 3 millions. Les mesures prises en 1826 pour prévenir le retour des crises ne pouvaient atteindre le but désiré. La loi de 1708, limitant à 6 le nombre des associés des compagnies des banques de circulation, fut rapportée; on accorda partout cette facilité, sauf dans un rayon de 65 milles autour de Londres. On supprima les notes au-dessous de 5 liv. dans le pays de Galles et en Angleterre, et ce fut tout. Ces précautions prises, le commerce reprit son cours ordinaire, se croyant à l'abri de tout danger.

Période de 1825-1831.

En 1827 et en 1828, les transactions commerciales furent calmes et régulières; l'argent était facile, même à bas prix, à 4 pour 100.

Après le printemps de 1829, l'inquiétude produite par la question de la réforme (reform bill) se répand dans le public.

Cependant, en présence d'une réserve métallique de 11 millions de livres (26 juin 1830), on n'hésite pas à réduire le nouveau 4 pour 100, déjà réduit de 1/2 pour 100 à 3 1/2. Nous avons indiqué en 1825 l'opération qui l'avait déjà abaissé de 5 à 4 pour 100.

En novembre 1830, à la suite de la révolution en France, il y a déjà de la fermentation, du tumulte au sujet du *reform bill*. Une émeute s'organise pour vaincre l'opposition de Wellington; on menace de pillage; la populace se porte sur sa demeure avec un drapeau tricolore; les boutiques se ferment; la troupe dut intervenir et dissiper les rassemblements.

En 1832, les mêmes scènes se renouvellent à la veille de la prolongation du privilége de la Banque. Le bill de la réforme exalte toujours l'opinion publique; on manifestait sa haine contre la Banque et Wellington par des placards ainsi conçus : *Stop the duke! Go for gold!*

Les escomptes à la Banque s'étaient élevés de 1 million, moyenne du troisième trimestre de 1827, à 4 millions en 1829, et étaient retombés à 1 million pendant le troisième trimestre de 1830.

La réserve métallique, de 3 millions en 1826, s'était élevée à 10 en 1827, se maintenant presque sans variations au même chiffre en 1828, puis avait fléchi à 6 millions en 1829, remontant bientôt à 11 millions (juin 1830) par suite de son élasticité ordinaire; mais les troubles du continent la réduisent lentement d'abord à 8 millions en 1831, et enfin à 5 (mai 1832).

La circulation, déjà affaissée de 26 millions à 19 en 1826, s'était relevée à 23 en juillet 1827, était encore à 22 en 1828, mais baisse à 21 en janvier 1829 et se trouve réduite à 17 millions de liv. sterl. en décembre. En 1830, elle augmente jusqu'à 21 millions (août), puis décroît et tombe à 16 millions en décembre, et oscille de 19 à 16 millions en 1832.

Le prix du blé, de 2 liv. 18 sh. en 1826, s'était élevé à 3 liv. 6 sh. en 1829. Les embarras furent assez courts, mais nous devions les signaler; les comptes rendus officiels en donnent le meilleur témoignage.

Période de 1831-1837-1839.

L'abondante récolte de 1832 et les bas prix qui suivirent causèrent des pertes à l'agriculture, mais favorisèrent les entreprises industrielles. La charte de la Banque avait été renouvelée jusqu'en 1855, les bank-notes avaient été déclarées *légal tender* tant que le remboursement métallique ne serait pas suspendu.

En 1834, les emprunts espagnols donnent le pas à la spéculation. Après une année de bénéfices, le branle est donné à la hausse, elle s'étend à tous les autres fonds,

précipite sur les banques; les bank-notes de la banque d'Angleterre perdent même 2 sh. 6 d.; à la fin de novembre, l'encaisse était réduit à 3 millions 800,000 liv. Malgré cette situation critique, elle avance jusqu'à 6 millions de livres, qui furent remboursées après avoir été d'un grand secours. La chute des prix eut lieu de novembre 1836 à juillet 1837.

Le 1er juin, les trois principales maisons travaillant avec l'Amérique suspendirent leurs payements. La première semaine fut la plus critique; à partir de là on se remet peu à peu. Le papier douteux et le crédit sont repoussés. Le marché n'étant plus encombré reprend à l'automne. Le portefeuille se vide, les coffres se remplissent, tout le contraire de ce qui s'était passé six mois auparavant. Il est à remarquer qu'à la fin de 1836, malgré les pressants besoins d'argent et la vague appréhension de la catastrophe, il y avait peu de gêne sur le marché de la production. Quelques matières même haussaient de prix; il n'y avait ni discrédit commercial ni faillites. Comme toujours, on attribue la crise à l'élévation de l'escompte.

Les hauts prix, en 1835-1836, du coton, de la soie et de quelques matières brutes, l'opinion que les sources actuelles de la production ne suffiraient à la consommation qu'à des prix de plus en plus élevés, entraîna à presser l'importation de toutes les quantités disponibles. Le taux très-bas de l'intérêt, les facilités du crédit, tout y poussait et permettait de payer cher au dehors. L'impossibilité de payer les billets faits pour le chargement de navires amène les plus grands embarras et les ventes forcées, surtout pour le coton et la soie. Cependant la libéralité des avances de la Banque avait permis une demi-liquidation et le retrait du papier de circulation; dès qu'il eut disparu, l'or reparut comme par enchantement.

Fin de la crise et liquidation (1839-1840).

En 1838, le numéraire reflue vers la Banque et s'élève déjà à 10 millions. Malheureusement la récolte de 1838 oblige à importer pour 10 millions de blé. L'Amérique, la France, la Belgique avaient augmenté leur circulation en papier; jusqu'en mars 1838 l'or retourne en Angleterre. En automne 1838, la banque de Belgique suspend : on se précipite sur la banque de Paris, qui elle-même tire le numéraire de Londres. A partir du 18 décembre 1838, le drainage métallique commence et continue jusqu'en octobre 1839; l'escompte était encore à 3 pour 100.

SITUATION DES ESCOMPTES ET DE LA RÉSERVE.

	Escomptes.	Numéraire.
18 décembre 1838. . .	20,700,000 liv.	9,700,000 liv.
15 janvier 1839. . . .	24,500,000	8,300,000
9 avril 1839.	26,600,000	5,200,000
30 avril 1839.	24,000,000	4,400,000
14 mai.	24,000,000	4,100,000

La Banque n'élève l'intérêt à 5 pour 100 que le 16 mai. Le 28, l'encaisse tombe à 3 millions 900,000 liv. Le 20 juin seulement, on élève le taux de l'escompte à 5 pour 100. Le 16 juillet, les *securities* atteignent 28.8 millions de livres et le numéraire est réduit à 2 millions 900,000 liv. On ne reçoit plus à l'escompte que les lettres de change, ce qui fait baisser de suite les bons de l'Échiquier et les fonds publics sur lesquels les avances ne sont plus possibles.

La Banque, sans y réussir, essaye de vendre des annuités du Deadweight à un taux trop élevé; elle a alors recours à la banque de France, qui lui prête son assistance par l'intermédiaire des principales signatures de Paris jusqu'à concurrence de 2 millions de livres (50 millions de francs). La maison Baring se charge de la commission sur garantie de consolidés pour trois mois; ce terme expiré, on devait recommencer. La banque de France avait consenti à recevoir le papier des bonnes maisons désignées par MM. Baring au delà de leur crédit ordinaire, mais peu de ce papier vint à la Banque, il fut escompté par les banquiers à de meilleures conditions. Le 11 octobre, la réserve métallique était descendue à 2 millions 525,000 liv.; on dit même qu'elle tomba à 2 millions 300,000. L'escompte fut porté à 6 pour 100, et, quand ce qui était ébranlé fut tombé, tout se calma.

A Hambourg, à la même époque, une crise semblable avait ébranlé le marché en le couvrant de ruines. On fut forcé de porter à 7 pour 100 le taux de l'escompte. Après cette secousse et les ruines qu'elle entraîna, la liquidation de la crise de 1857 fut complète.

Période 1839-1847.

De 13 millions en 1839, les escomptes de la Banque retombent à 6 millions en 1840, diminution de plus de 46 pour 100. La réserve métallique se relève de suite de

2 millions à 4 en 1840. Le 10 janvier, la banque d'Angleterre réduit le taux de l'intérêt de 6 à 5 pour 100. Chez les brokers, en 1842, l'intérêt tombe à 4 1/2 (janvier), en mars, 3 1/2, en août, 2 1/2, enfin, en 1843, à 2 pour 100. Le prix des consolidés 3 pour 100 s'élève de 89 en 1841, à 100 en 1844.

Les bons de l'Échiquier, de 2 1/2 par jour, tombent à 1 1/2. Le change sur Paris, de 25.43 monte à 25.65. La réserve métallique, de 4 millions 700,000, s'élève à 16 millions 300,000 liv. (1844), et la circulation des bank-notes, de 16 millions 300,000 liv. à 21 millions de livres.

Cette abondance de capitaux continue de 1842 à 1845. La concurrence faite par les banquiers à la Banque réduit même l'escompte du papier à 2 millions de livres en 1845. Pour trouver un emploi à tous ces capitaux en quête de placement, la spéculation accourt. Elle s'occupe d'abord de multiplier les joint-stock-banks; le parlement, pour la satisfaire, vote une dépense de 340 millions de livres pour les railways. On peut estimer à 500 millions de livres la valeur de tous ces projets qui se vendaient à prime en juillet, août et septembre 1845, et ces primes étaient énormes. Ainsi le chemin de fer de Leeds, dont les actions étaient de 50 liv., sur lesquelles 2 liv. 10 sh. de versés, se vendaient, en mars, 3 liv. 10 sh., en septembre, 23 liv. 15 sh., en novembre, 4 liv. 15 sh.

La prospérité artificielle ainsi créée peut s'évaluer à 50 millions de livres.

La Banque, à l'imitation des banquiers, avait abaissé l'escompte à 2 1/2 pour 100, 5 septembre 1844; en 1845,

(16 octobre), elle le relève à 3 pour 100; le 6 novembre, à 3 1/2; puis, en août 1846, avant la récolte, elle le rétablit de nouveau à 3 pour 100. A l'automne de 1846, la récolte des pommes de terre manque, le déficit de la moisson des céréales commence à se faire sentir. Du milieu de septembre à la première semaine de novembre la réserve métallique tombe de 16 millions à 14.

La manie des chemins de fer avait converti le capital flottant en capital fixe; aussi, en janvier 1847, les appels de fonds sur les actions sont pénibles et causent des embarras. Le 14 janvier 1847, la Banque élève l'escompte à 3 1/2 pour 100; le 21 janvier, à 4 pour 100; le 8 avril, à 5 pour 100; à la fin d'avril, 5 1/2. La plus grande gêne eut lieu dans les dernières semaines du mois. Une somme d'or déjà embarquée pour l'Amérique fut débarquée pour faire face aux payements de la Cité. Pendant tout le mois de mai, l'escompte fut à 5 et 5 1/2 pour 100; en dehors de la Banque, à 6 pour 100.

SITUATION DE LA BANQUE D'ANGLETERRE EN JANVIER, AVRIL ET OCTOBRE 1847.

1847.	Escomptes et avances.	Circulation.	Réserve billets.	Numéraire.	Taux de l'escompte.
Janvier. .	15,071,000	20,031,000	8,227,000	14,952,000	3 °/₀
Avril. . .	18,627,000	19,855,000	2,558,000	9,214,000	5 °/₀
Octobre. .	21,437,000	20,833,000	1,177,000	8,439,000	8 °/₀

L'exportation du numéraire, qui s'était calmée, recommence en juillet. L'intérêt hausse encore, on n'accepte plus que les billets à un mois (2 août 1847) à 5 pour 100, au delà à 5 1/2 pour 100; puis, le jeudi suivant, le minimum de l'intérêt est relevé à 5 1/2 pour 100. Tout le capital employé, on se plaint des faillites. Le 2 septembre, l'intérêt est réduit à 5 pour 100. Les suspensions de payements redoublent. La crise, qui avait paru se calmer au mois d'août, continue et augmente d'intensité; les consolidés baissent de 86 à 85; le 23 septembre on remet l'escompte à 6 pour 100. Le 1er octobre on refuse les avances, on bat monnaie de tout, le discrédit est général; le 13, on signale la suspension de plusieurs banques; Abingdon old Bank, Royal Bank Liverpool; les consolidés de 79 baissent à 77. Au plus fort de la crise, le minimum de l'encaisse tombe à 1,600,000 liv.

Suspension de l'acte de 1844.

Le 25 octobre, on accorde à grand'peine la permission de violer l'acte de 1844 (on ne voulait pas croire à son insuffisance) et de passer outre, d'escompter et de faire des avances à 8 pour 100; un bill d'indemnité devait être présenté au parlement. La Banque n'usa pas de cette autorisation, la secousse avait été assez forte pour faire tomber tout ce qui était ébranlé. Les demandes diminuèrent de suite, ce que l'on réclamait de la Banque, ce n'étaient ni les bank-notes ni l'or, mais l'espoir d'en avoir à un moment donné.

Des escomptes.

Le portefeuille (*securities*) s'était élevé de 7 millions en 1844, à 23 millions en 1846 et à 21 millions en 1847, d'après les états hebdomadaires. Mais ce qui peint mieux la situation, ce sont les augmentations annuelles de l'escompte depuis que l'on en possède les relevés.

Années.	Total des escomptes.
1844..	2,600,000 livres.
1845..	18,500,000
1846..	34,200,000
1847..	38,300,000 crise.
1848..	8,800,000
1849..	4,500,000 liquidation.

Les escomptes de la seule banque d'Angleterre (on sait que les banques particulières et les banquiers lui font une grande concurrence) s'élèvent de 2 millions en 1844, à 18 en 1845, 34 en 1846, enfin, à 38 millions en 1847, quand la crise éclate; puis la liquidation commence: en 1848, le chiffre s'abaisse à 8 millions, et enfin 4 millions en 1849!

Des Dépôts.

Les dépôts, de 5 millions en 1839, s'étaient élevés à 12 millions en 1843, 15 millions en 1844, 18 millions en 1845 et 24 millions dans la première moitié de 1846. Dans la seconde moitié ils retombent à 13 et à 11 dans le premier semestre de 1847. Dès la fin de l'année, ils étaient remontés à 17 millions; ainsi c'est au moment même de la crise que l'on observe le maximun et le minimum. On passe brusquement de l'un à l'autre.

Des avances.

Les avances, de 200,000 livres en 1844, s'élèvent à 4 millions en 1845, retombent à 300,000 liv. en 1846, remontent à 4 millions à la fin de l'année, pour redescendre à 200,000 livres dans la première moitié de 1847, et enfin atteindre 5 millions dans la seconde; au plus fort de la crise, les avances ne dépassent que de 1 million le chiffre qu'elles avaient déjà atteint en 1845, alors que l'intérêt était à 3 1/2 pour 100. Mais le total annuel après s'être élevé de 13 millions à 21 (1845-47) retombe à 2,900,000 livres en 1848.

Prix des produits.

Le tableau suivant donnera une idée de la hausse des prix de 1845 à 1847.

HAUSSE DES PRIX EN 1845-1847.

	Septembre 1845.	Septembre 1846.	Septembre 1847.
Chanvre.	27 liv.	30 liv.	38 liv.
Lin.	46	46	46
Suif.	41	42	46
Fer.	8	9	9
Coton.	3 d.	4	6
Laine.	12 sh.	11	10
Soie.	9 sh.	8	6
Café.	31 sh.	28	28
Sucre.	35 sh.	37	26

De ces produits, quelques-uns avaient atteint leurs plus hauts prix en 1845, et baissaient déjà en 1847, comme la laine, la soie, le coton, les sucres.

Importations et exportations de la Grande-Bretagne.

Le commerce général ne peint pas la situation aussi bien que le chiffre des escomptes, d'ailleurs les documents officiels ne donnent pour les importations que la la valeur officielle de 1696, et Dieu sait combien elle a dû changer depuis! Pour les exportations, nous avons un moyen plus exact de les contrôler, c'est la valeur déclarée. Ces réserves faites, voici ce que les relevés officiels nous apprennent.

Les exportations, valeur déclarée, s'élèvent de 42 millions en 1837 à 53 millions en 1839, descendent à 47 millions en 1842, remontent à 60 millions en 1845, oscillent de 57 à 58 millions en 1846-47, et s'abaissent à 52 en 1848. On sent bien la dépression après la crise en 1837, 1839 et 1847, dans la première de 11 millions, dans la seconde de 6 millions et dans la troisième de 6 millions de livres (environ 150,000,000 de fr.). C'est donc le commerce extérieur plus que le commerce intérieur qui est atteint par les crises. En France on observe le contraire.

La valeur des importations est trop ancienne pour que nous puissions en tirer quelque conclusion sérieuse. Les divers prix ont tellement changé depuis 1696, qu'aucune comparaison n'est possible. Si nous jetons un coup d'œil sur les chiffres officiels, nous voyons l'importation s'élever d'une manière continue, de 1832 à 1836, de 44 millions à 57, subir une légère résistance en 1837 à 54 millions, reprendre de suite à 61 millions en 1838 et atteindre 67 millions en 1840; en 1841 redescendre à 44, rester stationnaire en 1842 : on s'occupait déjà de la réforme du tarif anglais, qui ne fut complète qu'en 1845.

Dans cette dernière année, la réduction des droits de

douane s'éleva à 3,400,000 liv., le nombre des taxes fut réduit de 1,100 à 590. — Le mouvement des importations par la rapidité inaccoutumée de son développement en fait suivre la trace. De 65 millions en 1842, elles s'élèvent à 70 en 1843, 75 en 1844, 85 en 1845.

La réforme accomplie, qui avait fait suspendre au commerce une partie de ses opérations, dans l'attente des résultats, les abaisse pour la première fois (1846) à 75 millions; mais, dès l'année suivante, le mouvement reprend à 90 millions et ne s'arrête qu'un moment, en 1854, à 124 millions au début de la guerre d'Orient, pour atteindre 136 millions en 1857. L'année même de la crise, les craintes, les inquiétudes de la guerre ne purent que suspendre le mouvement, la crise seule devait lui imprimer un temps d'arrêt plus marqué.

Prix du blé.

De 2 livres 10 sh. l'impérial quarter, le prix du blé s'était élevé à 2 liv. 14 en 1846, et enfin à 3 liv. 9 sh. en 1847. Il faut remonter en 1818 pour trouver des prix plus élevés. La hausse des céréales détermine les achats à l'extérieur pour combler le déficit de la récolte, de là nouvel obstacle à la consommation et la fuite de l'or, dont une partie est employée à solder les arrivages.

Période de 1847-1857.

Après la dure épreuve de 1847, les maisons non solvables furent éloignées du marché; la liquidation était terminée en 1849. De 12 millions l'escompte était tombé à 21 le portefeuille, de 23 millions à 9. La réserve métallique, au contraire, de 8 millions de liv., minimum auquel elle était tombée, s'élève à 17 millions; en 1849, la circulation des notes oscilla de 26 millions en 1847 à 19 millions en 1849.

Dans des circonstances aussi favorables, les transactions commerciales reprennent leurs cours avec fermeté et modération d'abord, jusqu'à ce qu'elles soient troublées par les entraînements de la spéculation.

Taux de l'escompte.

L'escompte, à 2 1 2 pour 100 en 1849, descend à 2 pour 100 en 1852; il ne se relève qu'au début de la guerre d'Orient à 5 pour 100. Le total annuel des escomptes de 4 millions en 1849, après la liquidation de la crise, s'était élevé à 25 millions. Les complications de la lutte avec la Russie font hésiter un instant en 1854 : il retombe à 21 millions (différence 4 millions); mais dès l'année suivante, il reprend à 22 millions, 30 en 1856, et enfin 49 millions, quand la mesure étant comble, la crise éclate (1857).

De 1849 à 1857 la progression est continue sauf l'année 1854, à cause de la guerre, et l'année 1852, où l'intérêt étant à 2 pour 100 à la Banque, l'argent était encore, tant son abondance était grande, au-dessous de ce prix chez les banquiers et dans les banques particulières. La réserve métallique, de 17 millions en 1849, s'était élevée à 22 millions en 1852 pour retomber à 9 en

1856, aux premiers embarras de la crise, et enfin à 6 millions (novembre 1857).

Circulation.

La circulation n'avait varié que dans des limites plus étroites : de 18 millions en 1850 à 23 millions en 1853, d'après les relevés hebdomadaires.

Avances.

Les avances, de 5 millions en 1847, étaient descendues à 500,000 livres en 1850, puis variaient par année de 3 millions à 100,000 livres, jusqu'en 1856, au moment où, l'intérêt porté à 7 pour 100, elles retombent à 500,000 livres. En 1857, elles se relèvent jusqu'à 4 millions de livres (18 novembre), quoique l'intérêt fût à 10 pour 100, le 25 novembre elles étaient réduites à 3 millions, le 9 décembre à 2, et le 30 à 1 million.

L'élévation du taux de l'intérêt n'avait pas arrêté les demandes, car, le 17 octobre, leur total ne dépassait pas 600,000 liv. à 7 pour 100; le 24, 500,000 liv. à 8 pour 100; à partir de ce moment elles ne cessent de s'élever, jusqu'à 4 millions de liv. le 18 novembre, l'intérêt à 10 pour 100, puis elles déclinent quand les besoins les plus pressés furent satisfaits. Le total annuel des avances suit d'une manière moins régulière le développement des escomptes, tout en présentant une coïncidence frappante; de 2 millions en 1848, elles s'élèvent à 12 en 1850, en l'absence de besoins bien sensibles se réduisent à 6 en 1852, remontent à 12 en 1853, par suite de quelques demandes spéciales, retombent à 7 en 1855, puis quand les véritables besoins se font sentir, en 1856 et 1857, s'élèvent à 29 et 30 millions!

Des dépôts.

Les dépôts, qui, de 24 millions en 1846 avaient été réduits à 12 en 1848 après la liquidation, remontent à 20 millions en 1850, redescendent à 13 en 1851 par une simple oscillation naturelle, sans aucune pression extérieure, remontent à 21 en 1852, 22 en 1854, s'abaissent encore à 12 en 1854, sans causer par ce retrait aucune perturbation sur le marché, pendant le dernier trimestre de 1856 varient de 14 à 18 millions, en 1857 de 15 à 22 (17 octobre, 30 décembre 1857). Au plus fort de la crise, bien loin de diminuer, ils étaient montés de 18 millions à 19 millions, le 25 novembre à 20; au lieu de retirer les dépôts de la Banque, on lui en confiait de nouveaux.

Prix du blé.

Une succession de mauvaises récoltes avait élevé le prix du blé d'une manière permanente pendant trois années : de 1 liv. 18 sh. en 1851, plus bas cours coté depuis le commencement du siècle, il monte à 2 liv., 2 liv. 13 sh., 3 liv. 12 sh., 3 liv. 14 sh., 3 liv. 16 sh. en 1856; l'année de la crise, il est déjà retombé à 2 liv. 13 sh. quand ses effets se font sentir dans toute leur force.

Commerce de la Grande-Bretagne[1].

Depuis la réforme du tarif en 1845, les importations et les exportations suivent un développement continu, les importations de 71 millions de liv. à 124 millions en 1854. La guerre d'Orient comme pour les escomptes, arrête un peu le mouvement et les réduit à 117, mais dès l'année suivante elles atteignent 131 millions, valeur officielle de 1696. La valeur réelle de 1854 diffère sensiblement de la précédente. Au lieu de 124 millions en 1854, nous trouvons 152, le temps d'arrêt en 1855, 143, puis la reprise à 172 millions en 1856, et enfin le maximum au moment de la crise, 187 millions. L'année suivante, ce chiffre s'abaisse à 164; différence en moins 23 millions de liv. sterling, soit près de 600 millions de francs!

Les exportations, valeur déclarée de 52 millions en 1848, s'élèvent à 98 millions en 1852, restent stationnaires en 1854, diminuent un peu à 95 en 1855, mais reprennent de suite à 115 et 122 millions en 1856-1857. Après la crise elles retombent de 122 à 116 millions, ou en valeur réelle de 146 à 139! Elles sont donc, comme en France, moins affectées que les importations, mais les mouvements, quoique plus faibles, sont les mêmes.

Enquête du Parlement. — Crise de 1857.

Il résulte de cette enquête, que depuis 1847 :

1° Le commerce a pris une extension sans précédents.

2° Une importation d'or inconnue depuis la découverte

[1] Voir le tableau page 42.

de l'Amérique a inondé l'Europe, et le monde entier par suite.

L'augmentation nette de l'or de 1848 à 1860, déduction faite des exportations d'argent, s'élève à plus de 2 milliards de francs, pour la France seule. Tooke fait remarquer que l'effet de l'or ne se fit pas sentir de 1492 à 1570, cependant la quantité avait doublé ; l'élévation du prix n'eut lieu que de 1570 à 1640. L'augmentation fut de 200 pour 100, quoique la proportion des métaux précieux fût de 600 pour 100; l'impulsion du trafic, des découvertes, des entreprises productives absorba le reste.

3° Une grande économie a été apportée par la pratique de la Banque, dans l'usage et la distribution du capital. Les dépôts surtout ont augmenté de 8,800,000 livres en 1847, à 43,100,000 livres en 1857, seulement pour les joint-stock-banks au nombre de neuf.

La pratique d'ouvrir des crédits et de recevoir des dépôts s'est étendue dans les campagnes à beaucoup de fermiers ne payant pas une rente supérieure à 50 livres.

La guerre de Russie entraîna le pays dans une dépense improductive de 90 millions. Soit environ 2,300,000,000 de francs !

Quelques embarras s'étaient déjà fait sentir à la fin de 1856. La réserve métallique étant tombée de 18 millions (juin 1855) à 9 millions (13 novembre 1856), la Banque avait élevé le taux de l'escompte de 3 1/2 à 4 1/2, 5 pour 100, 6 pour 100 et enfin 7 pour 100 à la fin de 1855, l'encaisse déjà réduite à 11 millions. En juin 1856 elle se relève à 13, on baisse l'escompte à 5 pour 100, mais les fuites de l'or reparaissent dès le second semestre. Le 13 novembre 1856, il faut protéger par un intérêt de 7 pour 100 une réserve de 9 millions. En décembre elle se relève à 10, on abaisse l'escompte à 6 pour 100 pendant les six premiers mois de 1857, même à 5 1/2 (juillet 1857), l'encaisse était remontée à 11 millions.

Le gouvernement de la Banque, consulté en automne 1857, répond au mois d'août que quelques personnes, à cause de la guerre d'Orient et de la consommation des produits de l'Est, prévoyaient un ralentissement dans les affaires, d'autant plus que malgré la hausse des prix on continuait à importer, mais le public ne se doutait pas du voisinage d'une crise.

On ouvrait des crédits à l'étranger avec permission de tirer sur l'Angleterre, on négociait ces billets sur les bourses étrangères et ils retournaient en Angleterre, on y faisait face par d'autres billets pour les remplacer, sans aucune transaction sérieuse. Une maison, avec un capital de 10,000 liv., en devait 900,000. Ce système maintenait la hausse des prix, mais de juillet 1857 à janvier 1858 la baisse fût de 30 pour 100.

Le 17 août, l'escompte à 5 1/2 pour 100, l'encaisse à 10,600,000 liv., la réserve à 6,296,000 liv., la Banque commence une négociation avec l'East India company pour l'embarquement de 1 million liv. en numéraire. L'or allait à New-York, l'argent dans l'Est; cet argent, on l'achetait sur le continent ou on l'importait d'Amérique. Le 15 septembre, on apprend la dépréciation des rail-ways, de toutes les valeurs aux États-Unis, puis la faillite de l'Ohio Life and Trust Company.

Le 8 octobre, nouvelle suspension de payement des banques de Philadelphie et Baltimore, les rail-ways dépréciés de 10 à 20 pour 100, l'escompte à 18 et 24 pour 100. A New-York, soixante-deux banques sur soixante-trois suspendent, à Boston, Philadelphie, Baltimore de même; le 17 octobre, en présence de la diminution de l'encaisse et de l'augmentation de l'escompte, la Banque d'Angleterre élève le taux de l'intérêt à 7 1/2 pour 100, le 24 octobre 8 pour 100; enfin, la situation s'aggravant toujours elle le porte à 12 pour 100.

SITUATION DE LA BANQUE.

Année 1857.	Taux de l'intérêt.	Réserve métallique	Circulation.	Notes en réserve	Bills discounted.	Other securities	Avances publics	Dépôts	Change à 3 jours.
18 juillet. . .	5 1/2	11.8	19.9	5.6	6.6	16.1	0.8	3.4	25.27
10 octobre. . .	6	10.4	19.9	4.0	8.5	22.3	3.4	8.5	25.25
17 — . .	7	9.5	20.1	3.2	9.6	20.5	0.6	4.8	25.50
24 — . .	8	9.3	19.7	5.4	9 6	20.4	0.5	4.8	»
11 novembre. .	12	7.1	20.1	0.9	13.2	26.1	2.7	5.3	25.30
18 — . .	10	6.4	21.4	1.1	16 0	30.2	4.1	5.4	25.35
25 — . .	10	7.2	21.3	1.9	17.3	31.3	3.8	5.7	25.40
30 décembre. .	8	11.4	19.3	6.0	15.1	27.0	1.8	7.1	25.30

Pendant que l'escompte s'élève de 16 à 31 millions, la réserve métallique baisse de 11 à 6. La circulation variant à peine de 19 à 21. — Le taux de l'intérêt de 5 1/2 à 12.

Le 27 octobre, la Borough Bank de Liverpool ferme ses portes. Le 7 novembre, la grande maison commerciale de MM. Denniston et Comp. suspend ses payements. La Western Bank of Scotland ferme le 9 novembre; le 11, la City of Glascow; le 26, la Northumberland and Durham district Bank; le 17, la Wolverhampton Bank.

L'alarme se répand à Londres, les Bills brokers avaient opéré sans aucune réserve : les escomptes cessent tout à fait, sauf à la Banque d'Angleterre.

Comme toujours en temps de crise, les dépôts avaient augmenté. La moyenne ordinaire des dépôts des banques de Londres s'était élevée de 3 millions de liv. à 5 millions, 12 novembre.

Entre le 5 et le 6 novembre il y eut d'énormes ventes de fonds publics. Le 10 novembre, dans un seul jour, l'escompte s'éleva à 1,126,000 liv. Le 10 et le 11 novembre, on envoya 1 million de liv. en Irlande.

Suspension de l'acte de 1844.

A ce moment la Banque, à toute extrémité, porte le taux de l'escompte à 12 pour 100. En même temps, le 12 novembre, une lettre de lord Palmerston promet de proposer un bill d'indemnité au parlement pour le cas où on dépasserait les limites imposées par l'acte de 1844. Robert Peel pensait que la limitation de la circulation des notes préviendrait les crises; aussi dans l'acte avait-il tout combiné dans ce but. Pour maintenir la conversion de chaque note, on voulait que la quantité en circulation fût toujours égale au numéraire qui existerait, s'il n'y avait pas de bank-notes. On permettait la circulationde 14 millions de notes émises contre des valeurs du gouvernement, et chaque note en plus devait avoir son équivalent en métal déposé dans les coffres de la Banque.

Le 12 novembre, au soir, les billets tenus en réserve par la Banque d'Angleterre et qui, pendant l'année, avaient varié de 3 millions de liv. (avril) à 5 millions (septembre), se trouvaient réduits à 581,000 liv. Elle allait donc être privée de tout moyen de circulation.

A l'état normal, la situation de la Banque est ainsi donnée :

Dette du gouvernement.	11,015 livres.
Autres valeurs.	3,419
Total.	14,474

La première semaine (18 novembre 1857) de la suspension de l'acte de 1844, le total se trouve ainsi modifié :

Government debt.	11.015 livres.
Other securities.	5.459
Total.	16,474

Augmentation de la circulation, 2,000 liv. du 11 au 18 novembre, la réserve des notes s'élevant de 581,000 liv. à 1,148,000.

Néanmoins la demande des escomptes continua jusqu'au 21 novembre, où le total s'éleva à 21,600,000 liv.; la plupart sur gages présentés par les bills brokers, qui n'auraient pas été reçus dans d'autres temps. En 1847, on n'avait pas eu besoin d'avoir recours à la latitude laissée aux directeurs, mais cette fois on dépassa de 928,000 liv. le chiffre légal.

TABLEAU DE L'EXCÉDANT DE LA CIRCULATION, EN VIOLATION DE L'ACTE DE 1844.

1857, 13 novembre.	186,000 livres
14 —	622,000
16 —	860,000
17 —	836,000
18 —	852,000
19 —	896,000
20 —	928,000
21 —	617,000
23 —	397,000
24 —	317,000
25 —	81,000
26 —	243,000
27 —	342,000
28-29 —	184,000
30 —	15,000

Les besoins se firent vivement sentir du 13 novembre au 20; ils diminuèrent aussi rapidement du 20 au 30. Malgré le taux élevé de l'intérêt, 10 à 12 pour 100, les escomptes s'élèvent, du 12 au 21 novembre, de 15,900,000 à 21,600,000 liv.

Le comité de la Banque déclara que si l'encaisse avait été plus réduit, on ne se serait pas prévalu de la lettre du ministre, car le premier devoir de l'administration était la conversion des notes, et il demanda la conservation de l'acte de 1844, qui, selon lui, garantissait l'encaisse (ce qui ne se comprend pas très-bien, puisqu'on avait dû le violer). M. Rodwell insiste et dit que le présent acte de 1844 assure le maintien, dans les coffres de la Banque, d'une réserve convenable, tandis qu'auparavant, l'histoire le montre, la sagesse seule des directeurs, sans l'appui de la loi, n'y pouvait arriver!

On fit observer que, aujourd'hui, le commerce étant développé, pour suffire à ses demandes une plus large émission de notes était devenue nécessaire, et on se demandait si, en ajoutant 2 millions de liv. aux 14 millions fixés par la loi, cela ajouterait 2 millions de liv. à la circulation active? M. Weguelin répond que non. Ces 2 millions seraient, ou tenus en réserve par la Banque, ou, si le change était contraire, ils seraient exportés du pays et le numéraire diminué d'autant. Il n'y a donc aucun avantage à dépasser le chiffre de 14 millions de livres; ces 2 millions une fois sortis n'y reviendraient plus.

Le grand développement du commerce de détail a déterminé une demande de petites notes, concurremment avec une demande d'or, et les facilités accordées par la Banque ont été si grandes, qu'un nombre correspondant de grosses notes a été épargné.

TABLEAU DE LA CIRCULATION DES NOTES.

Année			
1844.	Notes de	5 à 10 livres	9,000
1857.	—	5 à 10 livres	10,600
1844.	—	20 à 100 livres	5,500
1857.	—	20 à 100 livres	5,700
1844.	—	200 à 1,000 livres	5,200
1857.	—	200 à 1,000 livres	3,200

En résumé, le nombre total des notes a baissé de 20,200 à 19,400 liv., il n'y a donc pas d'intérêt à l'augmenter.

La dernière crise commerciale en Amérique, comme en Europe, selon la conclusion du comité, fut le résultat de l'excessive spéculation et de l'abus du crédit.

HAMBOURG ET PRUSSE

HISTORIQUE DES CRISES

Crise de 1857 à Hambourg.

Nous n'avons pu nous procurer aucun autre renseignement sur les crises antérieures.

La crise des États-Unis ne fut pas la cause des embarras du commerce à Hambourg ; une seule maison engagée dans le commerce transatlantique succomba, mais il y eut une baisse de 30 pour 100 sur toutes les marchandises, à la suite de l'exagération des importations et du trop plein des entrepôts (21 novembre 1857). Pour remédier à cette crise, les principales maisons, les banques forment un fonds de garantie de 10 millions marks banco (800,000 fr.).

On pouvait prendre l'endossement de cette association. On souscrit pour 13 millions, somme plus considérable que celle proposée. L'association, dirigée par douze commerçants, ne put arrêter les sinistres; convaincue de son impuissance, elle devint plus circonspecte, plus réservée, et ne donna pas les secours que l'on en attendait.

Alors le sénat convoque la bourgeoisie pour émettre des bons du gouvernement, prêtés comme dépôt en garantie de marchandises, fonds et actions, au taux de 50 à 66 pour 100 sur le cours des valeurs. Le maximum de l'émission ne devait pas dépasser 15 millions de marks, ce qui fut accepté. Le 1er décembre, toujours les mêmes embarras; l'association de garantie ne veut plus rien garantir. Le 3 décembre, les meilleures signatures suspendent; l'argent ne manque pas cependant, la réserve du moins, car elle est plus considérable qu'avant la crise; mais il y a manque de confiance. A bout d'expédients, le sénat propose à la bourgeoisie de soumettre à une cour de commerce les signatures qui suspendent, pour décider si elles peuvent continuer leurs affaires, ou recevoir pour les diriger des administrateurs provisoires. On lui demande d'émettre 30 millions marks banco, avec cours forcé; il s'y oppose en vue de protéger le numéraire, qui, sinon, serait exporté. Un fonds de 15 millions marks est accordé pour l'escompte des lettres de change : 5 millions en gages du gouvernement, 10 millions en argent emprunté à l'extérieur (7 décembre 1857).

En novembre et décembre, cent quatre-vingts maisons suspendent, cent trente-cinq profitèrent de la situation pour demander des administrateurs. On avait eu la mauvaise habitude d'ouvrir des crédits en blanc à tous les correspondants en Suède, Norvége, Danemark; ce système avait encore été développé pendant la guerre de

Russie. Les exportations transatlantiques de produits allemands et anglais s'étaient faites sur une grande échelle; les manufactures accordaient un crédit de six mois; tout le capital des banques servit à escompter ce papier : le Crédit mobilier et les Joint stock ajoutèrent à l'impulsion. En 1856, il y avait eu une hausse rapide de prix, mais les marchands de détail refusèrent de prendre au delà de leurs besoins. Les produits restèrent entre les mains des spéculateurs, qui durent renouveler les billets. L'escompte haussé de 6 à 8 pour 100, pour le papier de première classe.

A Hambourg, les compagnies d'assurance et deux Joint stock banks établies en 1856, sont les deux seules institutions d'escompte. Le plus grand nombre des billets escomptés sont pris par les marchands et des particuliers qui ont de l'argent disponible. Les courtiers offrent le papier, mais à condition de joindre le mauvais au bon.

PROGRESSION DE L'ESCOMPTE A HAMBOURG DE 1853 A 1857.

1853	39,000,000 livres
1854	43,000,000
1855	48,000,000
1856	64,000,000
1857	74,000,000

Nous retrouvons toujours la même progression jusqu'à ce que la crise éclate.

Quand la seule maison en rapport d'affaire avec l'Amérique suspendit, on était ici plein de confiance. On avait salué la suspension de l'acte de 1844 comme devant préserver du contre-coup des embarras de Londres. En 1856, la balance du commerce était défavorable.

Importations d'Angleterre. . . .	13,062,000 livres
Importations de Hambourg. . .	5,500,000
Différence.	7,400,000

Et surtout le crédit ouvert par la Grande-Bretagne, dont on abusait. Le début de la crise suivit la suspension de la maison Hoare Buxton, de Londres. Le retour des notes non payées fit naître des embarras, qui se propagèrent avec la rapidité de l'éclair. La panique était telle que pour aucun gage on ne voulait se séparer de son argent.

Le gouvernement prussien ayant refusé d'avancer les 10 millions de marks banco qu'on lui demandait, ce fut l'Autriche qui envoya les fonds de Vienne. Le sénat demande d'appliquer une partie de cet emprunt à soutenir les grandes maisons qui avaient suspendu, quoique leur nom fût tenu secret. Un comité devait, avec cette ressource, venir à leur secours pour ne pas entraîner d'autres ruines. La bourgeoisie accepte, et dès que l'on est assuré de l'aide de l'État, le 12 décembre, la panique cesse, le numéraire devient abondant, les bons de l'État, que l'on ne pouvait escompter à 15 pour 100, furent facilement pris à 2 et 3 pour 100, fin décembre, les billets des bonnes maisons au même cours.

TAUX DE L'INTÉRÊT A HAMBOURG.

	1856.	1857.
Janvier.	5	5.50
Février.	5.22	4

Mars.	5.50	5.25
Avril.	6.47	7
Mai.	6.40	5.50
Juin.	6.65	6.25
Juillet.	6.05	6.75
Août.	6.25	6.50
Septembre.	7.43	6
Octobre.	7.45	8
Novembre.	5.73	7.9.25
Décembre.	5.84	8.75

IMPORTATIONS.

	Café.	Peaux.
1854.	87,000,000	250,000 pièces.
1855.	94,000,000	209,000
1856.	76,000,000	252,000
1857.	92,000,000	452,000

Par les chiffres qui précèdent on pourra juger du mouvement des importations.

Crise commerciale en Prusse.

Nous avons encore été moins heureux dans la recherche des documents prussiens; nous signalerons seulement la coïncidence de la crise, pour en dire un mot.

Les embarras se firent sentir au même moment, moins grands cependant. Plusieurs maisons de Stettin et de Dantzick succombent. Un décret abolit le taux légal de l'intérêt pour les sommes avancées sur billets de commerce, pour une période de trois mois.

Les maisons juives souffrirent surtout, les banques résistent. Un arrêt récent avait prohibé la circulation des bank-notes étrangères; les gens à courte vue lui attribuent la crise. Les juifs affirment que le papier prussien est insuffisant, et demandent la suppression du monopole de la Banque de Prusse, pour la remplacer par des provincial Joint stock banks. C'est ainsi, disent-ils, que le Hanovre, Brême, Brunswick, Leipzick ont été sauvés.

Pour soulager la crise, le gouvernement prend deux mesures bien secondaires :

1° On suspend les lois d'usure pour trois mois ;

2° On permet aux institutions de l'État d'escompter les effets de commerce, garantis par des produits bruts ou manufacturés. Malgré tout on se plaint encore, et on accuse Hambourg d'être la cause de tous les embarras, par ses spéculations exagérées en produits coloniaux. Au 20 novembre, voici la situation de la Banque de Berlin :

Numéraire.	33,000,000 thalers.
Circulation.	65,000,000
Lettres de change.	62,000,000
Dépôts.	10,000,000

Situation bien supérieure à toutes les autres banques, puisque la circulation égale à peine le chiffre des escomptes, 65 millions contre 62 millions, avec une réserve métallique de 33 millions de thalers.

BANQUES DES ÉTATS-UNIS

HISTORIQUE DES CRISES[1]

Les colonies anglaises, peu après leur origine, émirent du papier-monnaie. La première, le Massachusetts, en 1690, avant même l'indépendance, en émit pour faire le siége de Québec; l'exemple fut si contagieux qu'il en résultat un agio sensible en faveur de l'argent, il variait selon la quantité de notes mises en circulation. En 1745, après une heureuse campagne sur Louisbourg et la prise de cette forteresse, on émit 2 millions de livres en papier, ce qui déprécia le change; à la liquidation on n'eut pas 10 pour 100 de la valeur nominale.

La guerre de l'indépendance obligea le Congrès à frapper pour 3 millions de dollars en papier; cette somme s'éleva à 160 millions, jusqu'à ce que le Congrès déclarâ, en 1779, qu'on n'en émettrait pas plus de 200 millions. Malgré cette garantie, malgré le cours forcé et

[1] Voir le tableau page 32.

légal que lui donnait le Congrès, malgré l'entrain de la guerre, il se déprécia; et, en 1779, on dut décréter que, sans tenir compte de la valeur nominale, on le prendrait au cours. En 1780, il cesse d'être reçu en payement des impôts, et, en 1781, il n'avait plus cours, il n'était pas même reçu à 1 pour 100[1].

Nord America Bank.

En 1781, M. Morris, directeur des finances, détermine le Congrès à constituer une banque (Nord América bank), au capital de 10 millions de dollars, dont on devait verser 400,000 pour soulager les finances de l'État. Pour atteindre ce but, le capital était trop faible, le cours de la politique trop défavorable; néanmoins l'exemple encouragea les autres États à reprendre le papier-monnaie. Après la constitution des États-Unis l'émission du papier cessa, et l'or et l'argent furent les seuls moyens de circulation. De là de gros embarras pour la Nord América bank, qui, compromise par ses prêts au gouvernement, augmenta la circulation de ses notes dans une proportion énorme. Le reflux du papier dans tous les canaux devait enfin inspirer des doutes au public; on refuse les notes. Tout le monde se presse pour de l'argent; comme conséquence, impossibilité des emprunts et banqueroute. La perturbation fut telle, que les habitants de Philadelphie se réunirent pour demander à l'Assemblée des représentants le retrait du privilége, ce qu'ils obtinrent; mais la Banque, s'appuyant sur le Congrès, continua jusqu'au

[1] De 1776 à 1780, l'émission de cette monnaie de papier s'était élevée à 359 millions de dollars.

17 mars 1787, fit même prolonger son privilége de quatorze ans, et plus tard obtint une seconde prolongation, bornée, il est vrai, à la Pensylvanie.

Les difficultés éprouvées dans la fabrication de la monnaie engagèrent M. Hamilton, le secrétaire d'État des finances, en 1790, à proposer au Congrès la fondation d'une Banque nationale. Après quelques doutes sur le droit qu'avait le Congrès, on l'autorise. Elle commence ses opérations en 1794, sous le titre de Banque des États-Unis, au capital de 10 millions; 8 millions souscrits par les particuliers, 2 millions par le gouvernement. De la première somme, 2 millions devaient être payés en argent et 6 millions en 6 pour 100, fonds des États. La concession était valable jusqu'au 4 mars 1811. Elle parut utile au public et aux actionnaires, car pendant vingt et un ans elle donna en moyenne 8 pour 100 de dividende. En 1819, on s'occupe du renouvellement de son privilége, dans la situation suivante :

ACTIF.	Dollars.	PASSIF.	Dollars.
6 p. 100 papier. . .	2,230,000	Actions capital. . .	10,000,000
Prêts, escomptes. . .	15,000,000	Dépôts.	8,500,000
Numéraire.	10,000,000	Circulation.	4,500,000

Les bénéfices de la Banque, l'état prospère du pays, l'augmentation des produits, donnent à penser que cela tient à l'émission du papier par les banques : par suite de ce que cette théorie a de séduisant, on fonde dans le Lancaster, en 1810, la banque des fermiers (farmers bank), au capital de 300,000 dollars. D'autres suivirent; cette manie fut telle, que la législation de Pensylvanie

7

dut défendre à toute corporation d'émettre des notes. Malgré cette mesure prévoyante, l'entraînement était poussé à ce point que, des sociétés formées pour construire des ports et des canaux, en mettaient aussi en circulation ; on éludait ainsi la loi.

De 1782 à 1812, le capital des banques s'élève à 77,258,000 dollars; au 1er janvier 1811, il y avait déjà quatre-vingt-huit banques. Jusqu'à la déclaration de guerre (juin 1812), l'émission des notes était toujours faite avec la pensée de satisfaire au remboursement, mais bientôt l'excès de l'émission (*over issue*) devint générale, la dépréciation suivit. Les demandes périodiques de dollars pour le commerce de l'Inde et de la Chine étaient un avertissement de l'excès de la spéculation des corporations, dont les membres n'ont pas de responsabilité personnelle. Les commerçants qui, par leurs billets ou leurs dépôts, avaient droit au crédit des banques, n'hésitaient pas à demander 100,000 dollars, quand la veille ils auraient hésité à en demander 1,000. La guerre empêche l'exportation des métaux précieux, ce qui, dans le cours ordinaire des choses, limite l'émission et la circulation du papier. La méprise de cette cause fit redoubler l'émission des notes, chacun crut n'avoir d'autre tâche que d'en faire circuler la plus grande quantité. Des prêts et des sommes énormes furent donnés à des individus et à des États au delà de toute mesure; l'accroissement des dividendes et la facilité de les obtenir étendirent l'esprit de spéculation dans certains pays, chez tous ceux qui possédaient de la terre. Les remarquables résultats fournis par la banque de Lancastre (farmers bank), qui, par une émission extraordinaire de notes, avait donné jusqu'à 12 pour 100 et remboursé le double des actions en capital, ne fit plus considérer une banque comme destinée à soulager l'industrie avec le capital disponible, mais comme un balancier destiné à battre monnaie pour tous ceux qui ne possédaient rien. Sous l'empire de cette erreur, le laboureur, le marchand, le fabricant, le négociant, s'empressent de quitter une vie active pour un songe doré. La crainte seule de la ruine des actionnaires liés à des sociétés non autorisées, retient quelques intéressés et engage à rechercher la consécration légale.

En Pensylvanie, pendant la session de 1812, une loi autorise vingt-cinq banques, au capital de 9 millions de dollars. Le gouvernement cependant refusa de la ratifier, et la renvoya avec des observations fort justes. Dans une seconde délibération, la première résolution fut repoussée par quarante voix contre trente-huit. — Dans la session suivante, la proposition fut renouvelée avec plus d'entrain, et quarante et une banques, au capital de 17 millions de dollars, furent autorisées à une grande majorité; les représentations du gouvernement furent inutiles : aussitôt elles entrèrent en fonction avec un capital insuffisant. Escompter leurs propres actions fut une méthode bientôt découverte; on augmente ainsi la masse du papier de crédit, qui se dépréciait en présence de la monnaie d'argent, et on fait mûrir le doute de l'échange dans les esprits. En l'absence d'une demande d'argent de l'extérieur elle vint de l'intérieur.

Les lois de la Nouvelle-Angleterre, très-sévères pour les banques, avaient mis une amende de 12 pour 100 sur les intérêts annuels de celles qui ne payeraient pas leurs notes. Le résultat naturel fut une différence de prix entre la Nouvelle-Angleterre et la Pensylvanie, qui marquait la dépréciation produite par le papier dans ce dernier pays. Comme les remises sur la Nouvelle-Angleterre ne pouvaient se faire qu'en argent, l'équilibre des banques fut dérangé; elles ne purent répondre aux demandes de remboursement : la cessation des payements des banquiers des États-Unis, sauf la Nouvelle-Angleterre, eut lieu en août et septembre 1814.

Crise de 1814.

A Philadelphie, une convention intervint entre la Banque et les principales maisons, liées avec elle pour reprendre les payements après la fin de la guerre. Malheureusement le public ne demanda pas au temps fixé l'accomplissement de cette promesse, et les banques, entraînées par la soif du gain, émirent une quantité de notes jusque-là sans exemple. L'approbation générale en augmente encore le nombre, les billets de la Banque de Philadelphie baissent à 80 pour 100, les autres à 75 et 50 pour 100, et le métal disparut à ce point que le papier dut remplacer le billon. La dépréciation de la monnaie de compte éleva le prix de toutes choses; cette apparence fut considérée comme une augmentation réelle et entraîna à toutes les conséquences qu'un gain général sur les prix peut produire. Cette méprise au sujet d'une richesse artificielle fit que le propriétaire foncier désira des produits étrangers. Le villageois, trompé par une demande qui dépassait ses bénéfices ordinaires, étendit son crédit et remplit ses magasins de marchandises aux prix les plus exagérés; l'importation, sans aucune autre mesure avec les véritables besoins que la bonne disposition des détaillants, encombra bientôt le marché. Chacun voulait spéculer, et chacun se réjouissait de faire des dettes. L'abondance du papier était telle que les banquiers craignaient de ne pas trouver toujours le placement de toute leur fabrication. Il arriva ainsi que l'on proposait de prêter de l'argent sur gage, pendant que l'on faisait les plus grandes instances pour en obtenir le remboursement. Cet état dura jusqu'à la fin de 1815 : à ce moment on s'aperçut que la circulation du papier n'avait pas enrichi, mais que le métal avait haussé de prix. La partie intelligente de la nation comprit que, quand même le prix principal de la propriété aurait été plus élevé, le véritable bien-être de la société était diminué. Trop tard on apprit les funestes effets de la circulation du papier, la plupart des provinces et des villes n'avaient aucun équivalent. Une nouvelle classe d'agioteurs parut, qui propagèrent les tromperies des banques; les faussaires de papier-monnaie devinrent plus actifs. Au milieu de ce désordre, on parla d'une Banque nationale pour donner une base solide au papier. Sous l'impression de ces difficultés, et dans l'espérance de les soulager, le secrétaire d'État propose au Congrès, septembre 1814, quelques jours après la suspension, de fonder une Banque nationale pour rétablir la circulation métallique, but que l'on ne pouvait atteindre par les banques des États.

Ce projet, qui donnait au capital de la Banque la garantie de la nation, fut repoussé par plusieurs membres, qui s'exagérèrent les conséquences, pendant qu'eux, plus ou moins, prenaient de grosses sommes en notes, ou empruntaient aux Banques, avec la garantie de l'État, pour rétablir le crédit public et obtenir les moyens de continuer la guerre.

Causes de la crise de 1814.

Les directeurs des banques accusent le blocus des ports, qui, en entravant, en empêchant même l'exportation des produits, occasionna le drainage des métaux.

Les emprunts de l'État pour la guerre n'y furent pas non plus étrangers; depuis le début des hostilités jusqu'en 1814, ils s'élèvent à 42 millions de dollars, ainsi répartis :

Eastern states lent.	2,900,000 liv. st.
New-York, Pensylvania, Maryland et Colombia.	35,790,000
Southern and Western states. . . .	2,320,000

Presque tout fut avancé par les villes de New-York, Philadelphie et Baltimore. Les banques firent des avances au delà de leurs ressources, en augmentant leur circulation[1].

La dissolution de la Banque des États-Unis priva le pays d'un capital de 6 millions de dollars étrangers. La création des banques des États fut la conséquence de

[1] La cause de la crise, selon le comité du Sénat, ce fut l'abus du *banking system*, du grand nombre de banques et de leur mauvaise gestion, de leur spéculation pour faire monter les actions et distribuer des dividendes usuraires. Quand la Banque des États-Unis vit le danger qui la menaçait, elle

cette suppression, et l'attente de grands profits en fit naître plus qu'il ne fallait. Du 1er janvier 1811 au 1er janvier 1815, cent vingt nouvelles banques furent enregistrées, ce qui porta leur capital à plus de 80 millions; cette augmentation prit place durant une guerre qui annihila le commerce extérieur. Les dépenses de la guerre déclarée à la Grande-Bretagne en juin 1812 furent payées par les billets des banques des divers États. On obtint d'elles 6 millions de dollars, en 1812. L'année suivante, 1813, 20 millions, puis 15 millions en échange de 12 millions de fédéral stock, émis au prix de 125 dollars pour 100, payés. Jusqu'au 1er janvier 1814 on ne voulut pas avoir recours à l'impôt. On émit des bons du trésor.

En 1812	3,000,000
1813	6,000,000
1814	8,000,000

Jusqu'à cette époque il n'y avait pas eu de compte rendu de leur gestion, tellement que M. Bland, représentant du Maryland, pouvait dire qu'un voile rendait tout à fait invisible au public leurs opérations.

réduisit ses escomptes et la circulation. La circulation des country banks, de 5 millions tomba à 1,300,000; la circulation totale, de 10 à 3 millions.

AUGMENTATION ET DÉCROISSANCE DE LA CIRCULATION EN PENSYLVANIE.

	City Banks.	Country.	Total.
1814. . . .	3,300,000	1,900,000	5,300,000 d.
1815. . . .	4,800,000	5,300,000	10,100,000
1816. . . .	3,400,000	4,700,000	8,200,000
1817. . . .	2,300,000	3,800,000	6,200,000
1818. . . .	1,900,000	3,000,000	5,000,000
1819. . .	1,600,000	1,300,000	3,000,000

	Nombre des banques.	Capital.	Circulation.	Espèces.
1811. .	88	52,000,000	28,000,000	15,000,000 d.
1815. .	208	82,000,000	45,000,000	17,000,000
1816. .	246	89,000,000	68,000,000	19,000,000

Malheureusement nous n'avons pu trouver le relevé des escomptes.

La suspension des payements différait de l'Angleterre en ce qu'elle n'était pas générale, et puis chaque État étant indépendant, la dépréciation variait. La circulation du papier devenue très-difficile, le gouvernement dut émettre des bons du trésor qui portaient intérêt à 6 pour 100. — En février 1815, la paix proclamée, on espérait que les banques reprendraient les payements; il n'en fut rien : son rétablissement fit seulement paraître moins pressantes quelques-unes des dispositions des projets de loi sur les banques.

Au milieu de mai 1815 arrive le premier vaisseau anglais; les affaires reprennent une grande activité. En mai, juin, juillet, on peut dire que c'est l'âge d'or du commerce. L'escompte du papier est facile, il n'est pas rare de voir présenter des billets de 60,000 dollars! Les banques s'autorisèrent de la suspension des payements pour forcer l'émission des billets et entraîner le commerce, quoique M. Carey prétende qu'il n'y eut jamais d'*overtrade*. Il les blâme d'avoir restreint leurs avances en octobre et novembre, ce qui produisit la baisse des prix; cette obligation de limiter le crédit provenait, selon lui, de leurs spéculations en fonds fédéraux. Six banques de Philadelphie, au capital de 10 millions, avaient 3 millions en *governement stock*.

Le 15 février 1815, après la confusion dont on sortait à peine, on s'occupe pour la seconde fois de rétablir une Banque des États-Unis. Le 10 avril 1816, elle est autorisée, l'acte approuve l'incorporation d'une société au capital de 35,000 millions de dollars, en 350,000 actions de 100 dollars; le gouvernement prit 70,000 actions, le public 280,000. Ces dernières pouvaient être payées en versant 7 millions de dollars en or ou en argent des États-Unis du Nord, et 21 millions de dollars en pareille monnaie ou en dette fondée des États-Unis, la dette consolidée à 6 pour 100 au pair, le 3 pour 100 à 65, le 7 pour 100 à 106 1/2; — en souscrivant on payait 30 dollars, dont au moins 5 en or ou argent; après six mois, 35 dollars dont 10, en métal; après douze mois, même somme à payer de la même manière. La direction était autorisée à vendre des actions chaque année jusqu'à concurrence de 2 millions de dollars, après avoir été offertes au cours pendant quatorze jours au secrétaire des finances. Le gouvernement se réservait le droit de rembourser la dette au prix de la souscription. La concession, personnifiée dans la personne du président, fut accordée jusqu'au 3 mars 1836. Il y avait vingt-cinq directeurs, dont cinq nommés par le président des États-Unis avec approbation du sénat, et pas plus de trois par État; les actionnaires choisissaient les autres.

La société ne peut accepter aucun bien immobilier, aucun bail à ferme si ce n'est pour son usage immédiat, ou pour gage d'une dette, ou pour effacer une créance.

Elle ne doit contracter aucune dette au delà de 35 millions de dollars montant des dépôts, à moins d'une autorisation spéciale; les directeurs sont responsables de toute violation, et peuvent être poursuivis par chaque créancier. Ils ne peuvent trafiquer qu'avec le change de l'or et de l'argent, et non avec les autres biens ruraux qui ne sont pas d'une réalisation immédiate. Elle ne peut acheter aucune dette publique, et ne doit pas dépasser 6 pour 100 pour son escompte et ses avances. Elle ne peut prêter plus de 500,000 dollars aux États-Unis, 50,000 à chaque État, et rien aux étrangers.

Elle ne peut donner aucune lettre de change au-dessous de 5,000 dollars; les notes jusqu'à 100 dollars doivent être payées sur demande; de plus grosses sommes ne doivent pas courir au delà de soixante jours.

Deux liquidations chaque année.

Des succursales doivent, sur la demande du Corps législatif, être établies là où il y a deux mille actions souscrites.

Pas de notes au-dessous de 5 dollars; toute lettre de change ou note payable à vue est reçue dans les caisses de l'État.

Le devoir de la Banque est de payer partout et de recevoir l'argent du public, sans provision et perte de change.

Elle doit servir d'intermédiaire à chaque État qui contracte un emprunt. On dépose le numéraire des États à la Banque, quand le secrétaire des finances n'en dispose pas autrement, et alors il en donne avis au Congrès.

Ni le gouvernement ni le Congrès ne peuvent suspendre le payement de notes, de l'escompte et des déôts. Le refus de payement donne droit à un intérêt de 12 pour 100.

Pour ce privilége, la Banque doit donner 1 million de dollars en trois parts au gouvernement.

Le privilége est exclusif pendant sa durée, sauf le district de Colombia, où des banques peuvent être autorisées, sans que le capital dépasse 6 millions de dollars.

La Banque ne commença pas de suite ses opérations; elle envoya un agent en Europe pour chercher des lingots. De juillet 1817 à décembre 1818, elle se procura ainsi 7,311,750 dollars, au prix de 525,000 dollars. Le 20 février 1817, on décide que, sauf l'or et l'argent, les notes du trésor et les notes payables en argent aux banques, aucun autre billet ne serait plus reçu par les caisses du gouvernement. Malgré cette exclusion, les banques décidèrent de ne pas reprendre les payements avant le 1er juillet 1817.

Dans l'intervalle, un immense agiotage eut lieu sur les actions, compromettant pour la Banque et pour le crédit de son administration, parce que plusieurs administrateurs nommés par le gouvernement y prirent part. Par exemple il devint de mode d'avancer une plus grande somme d'argent sur les propres actions de la Banque, 125 dollars par chaque action de 100. On prêtait ainsi plus que leur prix d'achat, en fournissant par le crédit les moyens de les payer; on éveilla la spéculation, et au 1er septembre 1817, le cours s'éleva à 156 dollars 1/2, taux auquel il se maintint jusqu'en décembre 1818, où il tomba à 110 dollars.

A la fin, le public avait vu que la circulation des notes

se trouvait dépréciée par l'excès d'émission, et qu'une plus grande diminution était imminente.

On établit même un bureau en Europe pour le payement des dividendes de la Banque, afin, par cette facilité, d'augmenter le prix des actions et la spéculation, plutôt que pour le bénéfice permanent de l'institution. Notons ici la courte vue des directeurs qui s'imaginaient retenir la dépréciation des moyens de payement, en engageant toutes les banques à déclarer valables, au pair, la circulation des notes, ce qui n'était pas.

Le 21 février, toujours dans le même but, on annonça la reprise des payements. Les banques des États se persuadaient que peu d'individus oseraient réclamer de grosses sommes, se rappelant les embarras du public qui, pendant deux ans, avait payé le change à 6 pour 100. On espérait arriver à un arrangement et lui faire accepter le prétendu payement pour un jour déterminé. Nous disons prétendu, parce que cette proposition n'était pas sérieuse, car, pendant longtemps encore, la monnaie étrangère et celle des États-Unis eurent un cours supérieur.

La dépréciation des notes peut aussi bien résulter de la crainte du public à faire valoir ses droits que du refus de l'accomplissement des engagements des banques. Sa convention n'était pas, à proprement parler, une reprise des payements en métal, mais une espèce de tromperie.

En janvier, les banques de New-York, Philadelphie, Baltimore, Richmond, Norfolk décidèrent de reprendre leurs payements en argent le 20 février, pourvu que la balance qui résulterait entre elles ne fût pas exigée par la Banque des États-Unis, jusqu'à ce que l'escompte se fût élevé à 2 millions à New-York, autant à Philadelphie, 1 million 500,000 à Baltimore; ces conditions furent acceptées.

L'escompte de la Banque des États-Unis augmente ainsi beaucoup : de 3 millions au 27 février, il monte à 20 le le 30 avril, à 25 le 29 juillet, à 33 le 31 octobre. La Banque importe beaucoup d'espèces métalliques, paye ses notes et celles des succursales sans distinction : on retournait de suite les notes des succursales de l'Ouest et du Sud aussitôt que celles du Nord avaient payé, et on les émettait de nouveau, de sorte que, dix-huit mois après cette pratique, les caisses du Nord étaient drainées de leur capital. On réduit l'escompte, on le porte à 5 pour 100 pour soixante jours. Le 1er avril 1819, il ne restait que 126,000 dollars en caisse, le 12, 71,000; on devait aux banques de la cité 196,000 dollars.

A peine les directeurs de la Banque nationale eurent-ils réussi à remplacer le papier émis non remboursé avec leur circulation de notes, sachant bien, par leur expérience, que la circulation n'en pouvait admettre qu'une somme limitée, ils en inondèrent cependant le marché, et, en peu de mois, toutes les diminutions disparurent. Bientôt, de cette manière, le cours des notes fut remis à son premier état et tous les embarras reparurent. Cette imprudente conduite dut précipiter une partie du public dans des dettes dont il s'était préservé, l'autre dans le tourbillon qu'il avait évité. Le moment critique fut un peu éloigné, mais le jour du châtiment approchait.

Crise de 1818.

La Banque découvrit enfin qu'elle avait dépassé, par ses émissions, les bornes de la sûreté et qu'elle était à la merci de son créancier. Elle vit d'abord le payement d'une partie de la dette étrangère de la Louisiane, au 21 octobre 1818, occasionner le retrait de grosses sommes, puis les produits chinois, indiens et autres, par la dépréciation des moyens de circulation, monter à un prix exagéré. Toutes ces causes devaient exiger des payements en argent auxquels la Banque comme banque publique était obligée de faire face, sous peine de 12 pour 100 d'amende, sans pouvoir se prévaloir des mêmes considérations que les banques des États.

Dès ce moment elle songea à sa sûreté et à diminuer ses notes : cette diminution obligea les autres banques à l'imiter, et une nouvelle crise ébranla le commerce à partir d'octobre 1818. Une année durant, la Banque nationale fournit de ses caisses plus de 7 millions de dollars et les autres banques plus de 3 millions.

Les banques des États suivirent naturellement dans leurs relations la même marche, et leur circulation se trouva réduite de la manière suivante :

1er novembre	1816.	4,756,000 doll.
—	1817.	3,782,000
—	1818.	3,011,000
—	1819.	1,318,000

Ce qui donne encore une faible idée des excès de l'émission, car le seul obstacle était l'impossibilité du visa de la part du président et du caissier, deux signatures obligatoires d'après les règlements. On demande donc l'autorisation au Congrès d'accorder cette faveur aux présidents et caissiers des succursales : on refuse cette facilité, mais on accorde un vice-président et un vice-caissier pour signer. Avec ses émissions et un simple capital de 2 millions en une année, elle peut escompter pour 43 millions, outre 11 à 12 millions avancés sur les fonds publics.

Pour soutenir ses opérations, elle échange une partie de sa dette fondée contre argent en Europe et achète de la monnaie dans les Indes occidentales. De juillet 1817 à juillet 1818, elle importe 6 millions de dollars, espèces au prix de 500,000 dollars, mais l'excès de l'émission abaissait le numéraire plus vite que la Banque ne pouvait l'importer. Devant cette lutte impossible, en juillet 1818, tout à coup elle change de conduite, et réduit les escomptes; on payait alors 10 pour 100 de prime sur le numéraire : la réduction de l'escompte de près de 5 millions de dollars en trois mois eut un désastreux effet. En même temps, on ne veut plus recevoir que les billets émis par chaque succursale; de là embarras général : la Banque des États-Unis pompait le numéraire des banques locales. Le Congrès voulut défendre l'exportation de l'argent. Le comité chargé, le 30 novembre 1818, d'étudier les affaires de la Banque, conclut qu'elle avait violé la Charte :

1° En achetant 2 millions de la dette publique;

2° En n'exigeant pas des porteurs d'actions le payement du second et du troisième versement en numéraire et en dette des États-Unis;

3° En payant des dividendes aux porteurs d'actions qui n'avaient pas tout versé ;

4° En laissant voter par procuration plus que la Charte n'accordait.

Au reçu du rapport, le gouverneur s'enfuit, les actions tombent à 93 dollars. En 1818, l'excès de la spéculation était tel que l'on ne voulait pas faire faillite pour moins de 100,000 dollars. On citait comme prodigalité un salon ayant coûté 40,000 dollars et la cave d'un failli estimée 7,000 !

Le comité d'enquête du Sénat fit remarquer que la crise présentait de ruineux sacrifices dans la propriété foncière, qui avait baissé de 1 4, 1/2 même de sa valeur. Comme conséquence, des ventes forcées, des banqueroutes, rareté de l'argent, suspension du travail. Les rentes des maisons de 1,200 dollars tombent à 450, le *fédéral stock*, seul, se maintient à 103-104 dollars.

Le 13 décembre 1819, un comité de la Chambre des représentants constatait que la crise s'était étendue du plus grand au plus petit capitaliste. Il conclut en réclamant l'intervention du pouvoir législatif pour mettre un frein à la corporation qui, multipliant ses succursales dans l'Union, l'avait inondée de près de 100 millions d'un nouveau moyen de circulation. Les malheureux débiteurs perdirent le fruit de longs travaux, et beaucoup d'habiles travailleurs durent échanger l'abri du toit domestique pour les forêts inhospitalières de l'Ouest. Des ventes forcées de provisions, de marchandises, d'outils, furent faites bien au-dessous de leur prix d'achat; beaucoup de familles durent restreindre leurs plus indispensables besoins. L'argent, le crédit étaient tellement rares, qu'il était impossible d'obtenir un prêt sur les meilleures garanties foncières; le travail cessa avec sa récompense, et le plus habile fut réduit à la misère; le commerce se réduisit aux plus stricts besoins de la vie. Les machines et les fabriques gisaient immobiles; les prisons pour dettes se remplirent; les tribunaux ne pouvaient répondre aux plaintes; les plus riches familles pouvaient à peine obtenir l'argent pour les besoins du jour.

Le comité du Sénat de Pensylvanie déclare, le 29 janvier 1820, que pour prévenir la mauvaise administration des banques, il fallait :

1° Leur défendre d'émettre plus de la moitié du capital en billets;

2° Partager avec l'État les dividendes au-dessus de 6 pour 100;

3° Sauf le président, ne renommer aucun directeur qu'après un délai de trois années;

4° Soumettre à l'inspection de l'État les affaires et les livres de la Banque.

A partir de ce moment, les excès de profits et de pertes des banques américaines cessèrent. Un changement d'administration de la Banque nationale, que le triste enseignement de 1818 avait provoqué, fut le prélude d'une époque heureuse. Comme toujours, la liquidation terminée, les affaires reprirent leur cours. Parmi les causes diverses auxquelles on attribue la crise, il faut signaler l'augmentation des droits à l'importation et le rachat de la dette publique, réduite, de 1817 à 1818, de plus de 80 millions. Il y avait impossibilité de convertir en temps convenable aucune portion des dépôts publics en fonds ou en valeurs, que les créanciers pussent demander, sans ébranler ou abattre aucune respectable institution. Mais à nos yeux ce ne sont que des causes secondaires.

Période de 1825-1826.

En 1824, en Pensylvanie, nouvelle fureur pour les banques, et, en 1825, on était revenu aux beaux jours de 1815. Les Banking-Bubbles of America sont toujours et en tout semblables aux South Sea Bubbles anglais et à la banque de Law en France. En juillet, après une hausse qui datait de 1819, il y a baisse, crise et liquidation. Ici on ne peut invoquer aucune des causes que nous signalions plus haut, le développement du commerce et l'exagération des escomptes expliquent suffisamment les embarras de la situation.

En Pensylvanie, en 1824, on vote un bill qui rétablit les chartes de toutes les banques qui avaient failli en 1814. A New-York on ne rêve que banques; il se forme des sociétés au capital de 52 millions de dollars. Jamais le numéraire n'avait été plus abondant, si on en juge par les souscriptions et les grandes spéculations en Stock, pour le New-Jersey Protection Company, trois millions furent souscrits en un jour. Mais en juillet, dès que l'on apprend la baisse sur le marché de Londres, les besoins d'argent se font sentir; le change anglais, de 5 p. 100 s'élève à 10 p. 100; l'escompte des New-Orleans notes, de 3 p. 100, s'élève à 50 p. 100, le 4 décembre il était revenu à 4 p. 100. Quelles oscillations! quelles ruines!

M. Biddle, le président de l'United Stock Bank, dit que

la crise de 1825, décembre, fut la plus grave que l'Angleterre ait jamais éprouvée, entraînée qu'elle fut par la sauvage spéculation américaine dans les cotons et dans les mines. Le coton tissé de 18° le yard tomba à 13°; de 4,000 tisserands employés à Philadelphie en 1825, il n'y en avait plus que 1,000. — La réaction de la liquidation se fait sentir en 1826; dès 1827 l'argent était abondant.

Embarras des banques locales, 1828-1829.

La gêne de 1828 n'eut lieu que pour les banques locales et non pour celle des États-Unis. La principale cause fut l'augmentation de la circulation de la Banque des États-Unis d'août 1822 à août 1828. De 5,400,000 dollars, elle s'était élevée à 13,000,000, sans rien ajouter à la circulation, seulement en déplaçant un égal montant de notes des banques locales par les Branch drafts qu'elle faisait circuler. Ces Branch drafts étaient des billets signés par les principaux employés des succursales, soit l'une sur l'autre, soit sur la Banque centrale. Une grande émission de papier en résulta : sans ce moyen détourné, on n'aurait pu forcer l'émission des notes, par l'impossibilité physique où se trouvaient le président et le caissier d'en signer un plus grand nombre. Le Congrès avait toujours refusé de déléguer ce pouvoir à d'autres personnes; il y eut donc, ce qui était inévitable, ce que l'on devait prévoir, un conflit de notes en 1828, entre la Banque des États-Unis et les banques locales. Ces drafts circulaient partout, les succursales les recevaient en dépôt, mais ne les remboursaient pas; ainsi on devait, en cas de panique, préserver la caisse. Par ce procédé on augmenta beaucoup les émissions de la Banque des États-Unis et des banques locales, qui escomptaient le papier de la Banque centrale aussi bien que sur argent comptant. Les Banques locales dont le papier ne circulait pas partout, échangeaient donc leurs billets contre des drafts, ce qui diminuait la circulation des premières, augmentait celle de la seconde, ainsi que l'émission totale des billets; car les banques locales ne cessaient pas d'échanger leur papier à circulation étroite et bornée contre les drafts de la Banque centrale, qui circulaient partout.

Il y eut donc, en 1828 et 1829, une rareté accidentelle et assez courte de numéraire dont nous venons d'indiquer la cause; mais, dès la seconde moitié de l'année, les troubles de la circulation métallique avaient disparu.

Crise de 1829-1831.

Le mouvement commercial ayant à peine subi un temps d'arrêt, continue jusqu'en 1831; alors seulement les embarras paraissent (8 octobre 1831). Jusque-là les opérations commerciales étaient très-actives et l'argent facile; la révolution en Europe rend le capital disponible en Amérique, tandis que le choléra et la révolution restreignent l'exportation et par contre favorisent l'importation des produits étrangers. L'escompte s'élève à la Banque centrale de 24 millions de dollars en 1826, à 44 millions en 1831; la circulation de 9 millions à 22. La même augmentation s'observe pour les banques des divers États.

En mars 1830, la Banque des États-Unis avait dans ses caves 8 millions de dollars, plus que jamais jusque-là. En 1829, la Banque de New-York avait tant d'argent qu'elle ne savait qu'en faire, disait-elle. En 1829, 1830 et 1831, on étend les opérations des banques, la hausse accompagne les facilités du crédit; mais, en novembre 1831, des demandes fort vives d'argent se font sentir, les Branch drafts échangées aux banques locales leur permettaient d'augmenter leur circulation et par suite leurs escomptes. Les écrivains américains vantent beaucoup les secours que la Banque des États-Unis apporta au commerce et à l'État. Cependant en 1829, le président Jackson déclarait que la conduite de la Banque ainsi que son utilité, avaient avec raison, été mises en doute par plusieurs citoyens, et qu'il fallait convenir que le but que l'on souhaitait, une circulation uniforme et régulière, n'avait pas été atteint. Le Sénat et la Chambre des représentants nommèrent une commission qui exprima une opinion contraire à celle du président.

Période de 1832-1836-1839.

Au milieu de tous ces embarras, en 1832, le secrétaire du Trésor informe le directeur de la Banque de l'intention où était le gouvernement de rembourser une moitié du 3 pour 100 stock en payant à chaque porteur la moitié de ses certificats. Le directeur répond que, dans ce moment (29 mars), ce remboursement aux créanciers de l'Europe gênerait beaucoup le commerce intérieur, qu'il fallait attendre. Il demanda un délai de trois mois, parce que le commerce de New-York avait déjà reçu de fortes avances.

La Banque, qui faisait le service de la Trésorerie et avait en dépôt 11,600,000 dollars, aurait dû être prête à rembourser les 2,700,000 dollars qu'on lui demanmandait; néanmoins on accéda à sa demande. Bientôt Jackson apprit avec surprise que le commerce était plus pressé que jamais, et que le directeur avait envoyé un agent en Angleterre pour contracter un emprunt, avec la maison Baring, de 5 millions de dollars. Voyant que la Banque était insolvable, il résolut de ne pas renouveler le privilége. La Banque essayait de cacher son insolvabilité par les plus sottes spéculations sur la vente des terres, qui déjà avaient causé tant de désastres en 1819-1820. L'émission des notes avait donné un nouvel élan à la spéculation. Les notes de la Banque étaient reçues par les caisses de l'État et revenaient en dépôt à la Banque, qui les prêtait de nouveau pour acheter des terres avec garantie sur les terres vendues, de sorte que le crédit ouvert à l'État n'était que fictif.

En 1832, la prorogation de la charte de la Banque avait été votée par le Congrès; le président Jackson refusa de la ratifier, surtout à cause des modifications que l'on voulait y introduire. Pourquoi, disait-il, accorder un capital de 35 millions quand la première compagnie n'en avait que 11?

Si l'on ne put s'entendre sur le privilége de la Banque, une loi du 10 juillet 1832, sur la réglementation des banques, décréta que chaque année un rapport sur leur situation serait soumis au Congrès.

En 1833, le général Jackson donna l'ordre de retirer de la Banque les dépôts du gouvernement. La loi voulait que l'on indiquât les raisons du retrait; le secrétaire, M. Duane, refusa de les livrer, disant que la Banque n'était pas insolvable. Il fut congédié, remplacé par un secrétaire plus obéissant. Les dépôts furent repris et placés dans diverses banques des États. La Banque des États-Unis dut limiter ses escomptes et ses avances, ce qui produisit des embarras; mais le président voulait à tout prix établir une circulation métallique.

Le Congrès s'occupa, pendant toute la session de 1833 à 1834, du retrait des dépôts de la Banque. Le Sénat avait pris le parti de la Banque et blâmait la décision du président; la Chambre des représentants, au contraire, approuvait sa conduite. Elle cesse ses opérations avec l'État en 1836; le directeur, M. Biddle, que les actionnaires avaient récompensé en lui offrant un service en argent, obtint, par un don de 10 millions de dollars, dont la distribution fut toujours enveloppée d'un nuage, la concession spéciale de la Banque de Pensylvanie. Il n'avait voulu rendre aucun compte au Congrès, malgré des instances réitérées. Le privilége cessait en 1836, et deux années après elle n'avait plus le droit de faire aucune opération.

Après avoir obtenu la prolongation du privilége comme Banque de Pensylvanie, l'administration ne paraissait pas s'occuper de payer sa dette à l'État (16 millions de dollars). On avait tout transporté, livres, papiers, notes, engagements, à la nouvelle corporation qui s'ouvrait comme une suite de l'ancienne. On avait déjà remis les notes en circulation, malgré l'avertissement de les rembourser et de détruire celles qui restaient entre ses mains. Le président Jackson et son successeur Van Buren considéraient l'exagération de l'émission du papier-monnaie comme la principale cause de la crise, ainsi que l'exagération de toutes les branches du commerce, les spéculations sans bornes, l'augmentation des dettes étrangères, les achats inconsidérés de terres et l'effrayant accroissement d'un luxe fatal aux sources de l'industrie et à la moralité du peuple. Le président Van Buren dit que les 30 millions de dollars restés entre les mains de la Banque avaient servi à entretenir une spéculation déréglée. Il s'efforce de rétablir la circulation métallique; les banques dont les notes étaient au-dessous de 5 dollars ne furent plus admises aux caisses de l'État. Jusqu'au 3 mars 1837 on pouvait payer avec des notes de 10 dollars; après cette époque, avec 20 dollars; ensuite on ne devait plus recevoir que les notes dont le change était au pair.

Le président Adams avait favorisé les petites coupures en papier de 25 à 10 centimes pour 1 million. De 1831 à 1837 on émit 3,400,000 billets de 25 c., 5,187,000 de 10 c., 8,771,000 de 5 c. Pour en prévenir l'abus, il fallait aujourd'hui revenir à la circulation métallique. En 1833, elle atteignait déjà 30 millions de dollars; en 1837, elle s'élevait à 73 millions. La circulation des petites coupures en papier fut réduite de 120 millions de dollars.

Malgré ces crises si fréquentes, la prospérité de la nation, le développement de ses richesses n'étaient pas douteux, elles frappaient tous les yeux.

De 1817 à 1834, les dépenses de l'État diminuent de 39 millions de dollars à 24 millions, descendent même à 14 en 1835; les recettes s'élèvent à 37 millions de dollars. De 1826 à 1836, la situation du commerce, malgré la crise de 1831, s'améliora. L'industrie, l'agriculture, le commerce furent prospères; toutes les entreprises avaient du succès. A la Nouvelle-Orléans, ainsi qu'à New-York, on construisait beaucoup; du 1er janvier au 1er septembre 1836, on élève 1,518 maisons. Cette prospérité générale portait en elle le germe du désordre. L'augmentation rapide des revenus de l'État avait fait penser que le capital s'était élevé de la même quantité. On dissipa cette surabondance des revenus que le trop plein du marché causait temporairement. On spécule sur les terres; on projette 100 chemins de fer, avec canaux, mines, et toutes sortes d'entreprises qui auraient absorbé 300 millions de dollars.

Le capital national ne suffisant pas, on emprunte en Angleterre, en Hollande, où le taux de l'intérêt, plus modéré, excite encore la passion des entreprises. Afin d'arrêter le départ pour l'Amérique du capital anglais, la Banque d'Angleterre élève le taux de l'intérêt; cela fit réfléchir. On vit l'impossibilité d'exécuter le tiers des projets; le coton baissa, la panique s'empara du public.

Crise de 1837.

Depuis 1818, tous les cinq à six ans, on avait vu une période de flux et de reflux dans les affaires; mais ici l'arrêt fut beaucoup plus sérieux. Le manque d'argent et de capital détruisit la confiance. On ne trouva de l'argent sur aucun gage; les banques cessèrent d'escompter. La foule sans pain, les promenades désertes, le théâtre vide, plus de sociétés, plus de concerts, le mouvement social était suspendu! La Banque des Etats-Unis employa des expédients pour, pendant un temps, modérer la crise jusqu'au moment où elle éclata plus violente en 1839, et entraîna une nouvelle réforme radicale.

Dès que la séparation de la Banque des États-Unis et la cessation de ses opérations comme banque de l'État fut opérée, les billets s'améliorèrent beaucoup, aussi bien ceux qui étaient payables à vue que les post-notes payables à douze mois. Le directeur envoya un agent à Londres pour avoir de l'argent contre des actions de la Banque.

Dans la crainte que le général Jackson ne rétablît une nouvelle banque et pour faire contre-poids, on créa plus de 100 banques avec un capital de plus de 125 millions de dollars; l'émission ne devait pas dépasser le triple du capital, mais on n'observa pas cette clause; elle fut sans règles et sans limites, au milieu des hauts prix de tous les besoins de la vie, qui avaient doublé de valeur et dirigeaient les bras vers l'agriculture. Le prix des terres avait quelquefois décuplé. La hausse sur le coton fit abandonner aux planteurs du Sud l'indigo et le riz. L'importation en 1836 dépassa l'exportation de 50 millions de dollars que l'on dut payer en or ou argent. Cette fuite du métal fit un grand défaut.

L'élévation de l'escompte de la Banque d'Angleterre dans de telles circonstances éclata comme un coup de tonnerre : la vessie gonflée crève. Les banques suspendirent leurs payements, les notes perdirent 10 à 20 p. 100, le change monta à 22 p. 100 sur la France et l'Angleterre, tout le métal disparut de la circulation; mille banqueroutes se déclarèrent. Les maisons anglaises d'exportation perdirent 5 à 6 millions de livres sterling : les prix, du maximum tombèrent au minimum. Les pertes en Amérique furent encore plus grandes : le coton tomba à rien. Au plus fort de la crise on se tourna vers la Banque des États-Unis; le directeur, interrogé sur les moyens d'y porter remède, répondit qu'il fallait avant tout maintenir le crédit de la Banque d'Angleterre aux lieu et place du crédit privé, qui avait disparu. Il proposa de tout payer en papier de banque à Londres, Paris et Amsterdam.

Quand la crise parut, la Banque était très-ébranlée. Au commencement d'avril 1837, les banques de New-York suspendirent, parce que les demandes d'argent pour l'exportation jouaient le principal rôle; les autres banques suspendirent à leur tour, promettant de reprendre avec elles. La Banque des États-Unis suspendit aussi, pendant que Biddle, le directeur, prétendait que, sans le coup porté par New-York, il eût continué à payer; ce qui était faux, car les banques de New-York reprirent peu après leurs payements, espérant qu'on les imiterait; mais les autres refusèrent. M. Biddle le premier voulait que l'on attendît le résultat de la moisson. Pour soutenir la Banque, il essaya de lier des échanges avec les banques et le commerce non-seulement d'Amérique, mais d'Europe, afin d'établir une solidarité qui le soutînt et dissimulât sa position. Il y réussit jusqu'à un certain point, car en 1840, dans sa liquidation, on compte 53 millions de dollars de papier des divers États. Il avait voulu surtout s'assurer le monopole du marché au coton : si sotte spéculation que l'on n'avait jamais vue et que peut-être ne devait-on pas revoir.

Pendant que la Banque venait au secours du commerce de New-York par son change et ses post-notes, il se posait comme le gros commissionnaire en coton, à condition qu'on le consignerait aux agents de la Banque au Havre ou à Liverpool. Dans leurs embarras, les planteurs acceptèrent. On accumula le coton dans ces deux places; par ce monopole on releva les prix et on réalisa de grosses sommes, qui lui permit d'étendre le cercle de ses affaires. En 1837, il tira ainsi pour 3 millions de livres sterling d'Angleterre; la différence de l'intérêt et de l'escompte de 5 et 6 p. 100 à 2 p. 100 produisit de beaux bénéfices. Tout allait bien comme marchand de coton et changeur. M. Biddle payait les planteurs en papier que la Banque fournissait à l'infini, pendant qu'en échange du coton elle touchait de l'argent en Europe, ce qui éveilla la concurrence. Dans la seconde moitié de 1837 il s'établit dans le Missouri, l'Arkansas, l'Alabama, la Géorgie, la Louisiane, nombre de nouvelles banques pour faire des avances aux planteurs et vendre pour leur compte leurs produits en Europe. Fondées avec un très-faible capital, elles émettaient du papier sans règle; leurs notes perdaient 30 p. 100 en 1838 et les planteurs ne voulaient plus les recevoir.

La Banque des États-Unis, craignant que les capitalistes étrangers n'exploitassent l'embarras des planteurs en achetant le coton déprécié, à cause de l'encombrement sur le lieu de la production, résolut de venir au secours des banques du Sud et de les joindre dans le cercle de ses opérations, en achetant leurs actions et leurs post-notes qui avaient deux ans à courir; elle mettait ainsi 100 millions de dollars dans le commerce, et, en 1838, elle ne leur prêta pas moins de 20 millions de dollars à 7 p. 100 payables en 3 ans sur les récoltes de coton. Elle avait acheté les actions 28 p. 100 au-dessous du pair; par son assistance elles remontèrent au pair, et alors elle les jeta sur le marché de Londres, qui les reçut. Pour expliquer l'immense crédit dont jouissaient les États-Unis et ses banques en Europe, nous ferons observer que l'amortissement des dettes de l'Union par l'excédant des récoltes jetait un éclat trompeur sur le crédit des États en particulier aussi bien que des corporations. Depuis quelques années on recherchait les effets américains surtout à Londres, et comme la première année rien n'arriva qui pût détruire cette confiance, le capital ainsi employé s'éleva à 150 millions de dollars, en 1840 à 200 millions. En Pensylvanie, 16 millions de dollars argent d'Europe étaient employés dans la Banque des États-Unis, 40 millions dans divers États payables en deux ou trois ans.

M. Biddle était parvenu à soutenir les divers États avec le crédit de l'Union. Il sut utiliser le crédit des effets américains en Europe, et tira du marché de Londres une somme énorme contre le change, les post-notes et le papier, payable en Amérique. Le papier, déprécié de 5 à 6 p. 100, était tellement demandé, que la Banque d'Angleterre le prenait à 2 et 3 p. 100 d'escompte, mais enfin le marché se remplit. L'attention des négociants s'était portée sur les immenses spéculations de M. Biddle, qui payait en papier en Amérique et encaissait en métal à Londres; le commerce se plaignait de la contraction du marché. Le stock de coton de la Banque augmentait toujours : de juin à juillet il s'éleva de 58 millions à 90 millions de balles. Cette spéculation avait déjà donné un bénéfice de 15 millions de dollars; mais le marché était comblé, les prix ne pouvaient se soutenir; les planteurs avaient bien gagné à la hausse des cotons, mais le papier qu'on leur remettait perdait de 15 à 23 p. 100. La crise approchait. La récolte du coton de 400,000 balles était de 1/5 au-dessous de ce que l'on pensait; on attendait une hausse des prix : le contraire arriva. Les hauts prix avaient fait arriver toutes les réserves, les fabriques avaient réduit leur travail, néanmoins on envoyait toujours balle sur balle à Liverpool et au Havre. La vente dans ce dernier port ayant produit, en février et mars 1839, une perte, on continua à emmagasiner. Dès que M. Biddle vit l'arrêt, il chercha à cacher cet embarras par l'extension de ses affaires. Il propose de fonder une nouvelle banque à New-York (l'autre avait son siége à Philadelphie), au capital de 50 millions de dollars; il émit de nouveau des post-notes à longue échéance; il achetait avec du papier américain des canaux, des chemins de fer, des actions qu'il jetait sur le marché anglais. Cela dura jusqu'à ce que les post-notes perdissent en Amérique 18 p. 100 et que le change et les valeurs américaines ne fussent plus reçues sur le continent.

La maison Hottinguer de Paris, comme les autres agents, vendit peu jusqu'au 1er juillet, et, quand on vit que l'essai de monopoliser le coton était impossible, elle déclara, dans la crainte de continuer cette gigantesque opération, qu'elle employait de trop grands capitaux. Sur ces entrefaites, de nouvelles lettres de change arrivèrent à Paris sans l'envoi d'une valeur correspondante; la maison Hottinguer protesta. Hope d'Amsterdam cessa ses relations. L'agent de Londres appela la Banque d'Angleterre à son secours, ce qui lui fut accordé sur la garantie des maisons de Londres et le dépôt de bon papier américain. Rothschild accepta les lettres de change refusées, après avoir reconnu qu'une somme de 400,000 liv. serait suffisante pour l'agent de M. Biddle; ces 400,000 liv. consistaient en stock du gouvernement, en actions de chemin de fer, canaux, banques. On ne divulgua pas sur-le-champ cette convention, ce qui augmenta encore la défiance. On approchait d'une crise où 150 millions de dollars, des capitaux européens allaient être engloutis.

Crise de 1839.

Les journaux anglais avaient déjà averti de se méfier; le *Times* disait que l'on ne pouvait avoir aucune confiance dans la Banque tant qu'elle n'aurait pas repris ses payements. M. Biddle se défendait dans des journaux vendus, jusque dans la *Gazette d'Augsbourg*, en attendant que la bulle de savon crevât. Les défenseurs à sa solde prétendaient que les 150,000 balles de coton envoyées en Europe n'avaient pas été vendues, mais reçues en commission. On avait fait des avances en papier qui, dans le mois d'août 1839, devaient être payées en notes par les banques du Sud, car une nouvelle concession faite à la Banque par l'État de Pensylvanie lui permettait d'acheter les actions des autres banques, et par ce moyen de les mettre sous sa direction; leurs notes perdirent 20 à 50 pour 100 contre les banques du Nord. Par ce bénéfice sur la différence des notes, par le payement du coton avec du papier, par ses ventes en échange d'argent monnayé, Biddle avait gagné 5 à 6 millions de dollars qui se trouvaient à sa disposition à Londres.

Le protêt des lettres de change fit grande impression en Angleterre; le contre-coup se fit sentir en Amérique, où la crise, modérée en 1837 par l'intervention de la Banque, éclata avec une nouvelle fureur en 1839 et amena la liquidation complète de cet établissement. Au même moment, le marché anglais était très-pressé, car, d'après un avis de la Chambre du commerce, le nombre des banqueroutes de cette année était beaucoup plus grand; du 11 juin 1838 à juin 1839, 306 et 781 dans les provinces, en tout 1,087; à Manchester, 82; à Birmingham, 54; à Liverpool, 44; à Leeds, 33. La Bourse de Londres était inondée de papier non vendable, ce qui était déjà arrivé sur une moindre échelle en 1837. L'arrêt du commerce fut tel que l'intérêt de l'argent s'éleva à 20 pour 100, l'escompte du meilleur papier à 15 et 18 pour 100. Les divers États de l'Union et la Banque avaient contracté des dettes avec une incroyable facilité; les intérêts étaient couverts par de nouveaux emprunts. Le président déclarait qu'il fallait emprunter pour payer les intérêts; on ne voulait pas mettre de nouveaux impôts pour subvenir aux dépenses des travaux publics. L'embarras fut grand en Amérique; comme il ne venait plus d'argent d'Angleterre, il fallait le chercher dans le pays même. On inonda le commerce avec des post-notes à 1/2 pour 100 d'escompte par mois. L'escompte monta à 25 pour 100. La panique du public était aussi grande que sa confiance passée. La Banque des États-Unis, pour maintenir son crédit, paya ses post-notes dépréciées.

La lutte du parti de la Banque avec les opposants reparut, le président Van Buren en tête. On déclara que la Banque avait trompé en mettant en circulation les 4 millions de dollars de l'ancienne banque, qui avaient dû cesser de circuler avec l'autorisation du privilége; le Sénat en défendit la circulation. Le gouvernement avait de grosses sommes à réclamer de la Banque, dont le montant s'élevait à près de 4 millions de dollars; comme on ne pouvait se les procurer en argent, on décida d'émettre 10 millions de dollars en bons du Trésor. Le parti de la Banque voulait pousser le gouvernement à la banqueroute, pour qu'il se retournât vers elle, et, par l'émission du *specie circular*, l'obliger à adopter le système du papier-monnaie.

Un bill est proposé dans ce sens. Biddle, qui veut exploiter la situation, déclare vouloir reprendre les payements en espèces et pousse à la hausse des actions; mais la joie du parti de la Banque fut bientôt troublée par la défense faite aux receveurs de recevoir aucune banknote au-dessous de 20 dollars qui ne serait pas remboursable en argent.

Après une lutte de huit années, la séparation devint complète. La gestion des finances de l'État fut retirée à la Banque.

En 1836, un acte avait déclaré qu'à l'expiration de son privilége, on lui remettrait les fonds de l'État dès qu'elle aurait repris ses payements en argent. A la suspension en 1837, le gouvernement dut modifier la loi pour sauvegarder le numéraire, et chargea des fonctions de la trésorerie les employés des finances et de la poste. En 1840, l'administration de l'argent de l'État eut une direction séparée et distincte. La liquidation de la crise avait été telle que le Congrès accorde trois mois aux banques pour reprendre leurs payements en espèces ou leur liquidation. Pour se conformer à ce décret, l'État de Pensylvanie fixe la reprise des payements pour ses banques au 15 janvier 1841. Les actions de la Banque, qui n'avaient donné aucun dividende en 1839, et présentaient la même perspective pour le premier semestre de 1840, tombèrent à 61 dollars! On les avait cotées 1,500 dollars. La liquidation était inévitable et une perte de plus de 50 pour 100 : ce qui eut lieu en 1841. Ainsi finit pour un temps le vertige des banques aux États-Unis. Nous rappellerons ici le jugement que portait Buchanan sur la Banque:

« Si la Banque des États-Unis, après avoir cessé d'être Banque de l'État et obtenu un privilége nouveau en Pensylvanie, s'était bornée aux opérations de banque et avait employé ses ressources à régler le cours du change du pays, et tout fait pour hâter la reprise des payements, elle aurait pu renaître Banque de l'État. Mais ce n'est plus possible: elle a défié le Congrès, violé les lois, s'est mêlée à la politique. Le peuple a vu le vice de sa gestion; le directeur, M. Biddle, a mis fin à l'œuvre, le général Jakson l'avait commencée. »

TABLEAU DES BANQUES QUI SUSPENDIRENT DANS LA CRISE.

1814.	1830.	1837.	1839.
90	165	618	959

La dernière crise de 1837 à 1839 produisit, d'après les rapports assez exacts joints à la loi sur les faillites du 12 août 1841, 33,000 faillites et une perte de 440 millions de dollars !

Période de 1839-1847.

Le total des escomptes, qui s'était élevé à 525 millions de dollars en 1837, s'abaisse à 485 en 1838, pour remonter à 492 en 1839; alors seulement a lieu la véritable liquidation de la crise. L'escompte tombe de suite à 462 millions; puis à 386 ; l'abondance des capitaux et le bas prix auquel ils s'offrent vident le portefeuille jusqu'à le réduire de 525 millions à 264 en 1844 [1].

La réserve métallique s'est relevée de 37 millions à 49 (1844), la circulation a été réduite de 149 millions à 75.

Le nombre des banques, de 901 en 1840, est descendu à 691 en 1843, et le capital lui-même, de 358 millions en 1840, a été réduit à 200 en 1845, et même 196 en 1846.

Tous ces chiffres indiquent bien une liquidation. Le marché, débarrassé de ses ruines, pouvait permettre aux affaires de reprendre leur cours.

Nous voyons, en effet, le mouvement ascensionnel reparaître.

[1] Nous ne possédons pas les chiffres extrêmes, *maxima* et *minima*.

Les escomptes, de 264 millions s'élèvent à 344 en 1848.

Les banques se multiplient de 691 (1843) à 751 en 1848 ; leur capital augmente de 196 millions (1846) à 207.

La circulation du papier, de 75 millions se relève à 128 en 1848.

Les dépôts, de 62 millions atteignent 105 millions en 1848.

La réserve métallique seule, de 49 millions en 1844, descend à 35 millions en 1848.

Le contre-coup de la crise européenne retentit en Amérique, mais sans causer de profondes perturbations; la liquidation de la crise de 1839 était encore trop récente et à peine terminée pour avoir pu permettre un développement suffisant des affaires.

Les embarras furent légers et courts; l'escompte cependant tomba de 344 millions à 332.

L'encaisse, malgré le solde et la balance favorable produite par les exportations des farines en Europe, tomba de 49 millions à 35. Dès l'année suivante le mouvement recommence.

Période de 1848-1857.

Le temps d'arrêt en 1848 fut très-court.

L'escompte s'éleva régulièrement de 332 millions de dollars à 364, 413, 557, 576, 634 et enfin 684 millions de dollars en 1857. La progression fut irrésistible.

La circulation, de 114 millions s'éleva à 214.

Les banques se sont multipliées dans une telle proportion que, de 707 en 1846, et d'un capital de 196 millions, on en compte, en 1857, 1416, dont le capital s'élève à 370 millions de dollars, chiffre bien inférieur, relativement au nombre de banques, à celui de 1840, alors que 901 banques avaient un capital de 358 millions.

La réserve métallique, de 35 millions en 1847 s'était bien élevée à 59 millions en 1856; mais elle n'était en rapport ni avec le nombre des banques ni avec leurs escomptes et la circulation, et puis ce n'est qu'une moyenne. Nous n'avons pas les extrêmes maxima et minima, et la suspension des payements eut lieu, malgré le chiffre de l'encaisse, plus élevé en 1857 qu'en 1856.

Les dépôts accumulés de 91 millions à 230 millions. C'est dans l'année même de la crise qu'ils présentent leur maximum ; on ne peut les rembourser.

Pendant la guerre d'Orient la prospérité avait été si grande aux États-Unis, que l'établissement d'un *clearing-house* à New-York en 1853, et à Boston en 1855, s'opposa à l'excès d'émission pour une bien faible part ; car, en 1837, ainsi que le constate le rapport au Congrès, l'encaisse des banques était de 6,500,000 dollars, c'est-à-dire 1 dollar métal pour 6 de papier.

En 1857 l'encaisse était de 14,300,000 dollars ou 1 dollar argent pour 8 de papier.

Les banques avaient attiré les dépôts par de gros intérêts, et les prêtaient à d'insensés spéculateurs. Au 22 août 1857, la somme des emprunts avait dépassé, à 12 millions près, les fonds réunis : métal, notes et dépôts.

De décembre 1856 à juin 1857, elles avaient montré une grande fermeté. L'escompte, de 183 millions s'était élevé à 190 en juin; l'encaisse, de 11 millions était monté à 14. La seule marque de faiblesse, si l'on peut ainsi dire, c'est que le remboursement des dépôts, de 94 millions de dollars s'était élevé à 104, pendant que la circulation diminuait de 1 million de dollars.

En juin, la situation de la Banque ne pouvait donner aucune crainte aux plus perspicaces, dit le rapport d'enquête. Le change extérieur était favorable; on sait que c'est le guide des banquiers. Juin, juillet, août furent calmes, sauf la difficulté des affaires, qui se faisait sentir, dans les banques du pays, par le montant toujours croissant des notes présentées au remboursement et, chez les banquiers de la ville, par les demandes d'escompte.

La chute de l'Ohio-life avec les meilleurs correspondants à New-York fut le premier murmure de la tempête, bientôt suivi de la suspension de la Mechanic Banking association, une des plus anciennes banques de l'État. La suspension des banques de Pensylvanie et de Maryland suivit. La confiance du public ne fut pas ébranlée; il comptait sur les moyens de circulation. Aucune banque ne laissa protester, sauf une, le 4 septembre, pour une demande de 250 dollars. Un autre protêt suivit le 12, un troisième le 15, pour des sommes insignifiantes. Les demandes de remboursement furent presque nulles; rien de semblable à une panique. On se porta un peu aux caisses d'épargne, mais cela ne dura pas. A la fin de septembre seulement, les demandes de remboursement furent plus grandes que jamais, de la part des banques locales, aux caisses de la Metropolitan American exchange Bank.

Le 13 octobre, avec le change au pair, une riche moisson, l'agio de 1/4 à 1/2 sur le métal, les banques suspendent les payements métalliques, et les reprenaient le 11 décembre. La période la plus critique dura environ un mois. Le premier pas pour le retour aux payements fut fait à la suite de la résolution prise par le bureau de liquidation, de sommer les banques territoriales de rembourser les billets de la Metropolitan Bank avec bonification d'intérêt de 1/4 pour 100 à partir du 20 novembre.

En ce moment, les banquiers des villes avaient entre les mains, en valeurs émises et en paquets signés de 5,000 dollars chaque, environ pour 7 millions de dollars venant desdites banques. Elles purent ainsi opérer le payement de leurs notes au taux de 20 pour 100 par mois au 1er janvier 1858. La même disposition fut accordée aux banques des villes de payer leurs notes à 6 pour 100 par an. Il ne faut pas demander si, avec ce délai, les banques se montrèrent libérales. L'abondante récolte aida aussi la liquidation.

De 1853 à 1856, la moyenne de la réserve métallique s'éleva à 11 millions de dollars.

Les dépôts à 61 millions.

La moyenne des escomptes et des avances à 90 millions de dollars.

Banques de New-York.

	Réserve.	Dépôts.	Escomptes avances.	Rapport de la réserve métallique aux dépôts.
1854. . . .	11,000,000	61,000,000	90,000,000	19 0/0
1855. . . .	14,000,000	72,000,000	90,000,000	20
1856. . . .	13,000,000	84,000,000	100,000,000	16
1857. . . .	11,000,000	52,000,000	111,000,000	13

La diminution de la réserve métallique, l'augmentation des dépôts et des escomptes et avances se trouvent clairement indiquées.

De 1853 à 1857, la circulation des banques flotta à peine de 1,500,000 dollars, ce qui indique que la demande de métal venait de l'étranger ou de l'intérieur. La circulation n'était pas la cause de la suspension ; du moins c'est l'avis exprimé dans son rapport par le superintendant des banques de New-York.

En 1856, vingt-cinq sociétés furent fondées, et trois banquiers s'établirent au capital de 7,500,000 dollars, dont 7,200,000 payés.

En 1857, il n'y en eut que neuf et trois banquiers au capital de 6 millions de dollars, dont 4 millions seulement furent payés. Le fonds de garantie déposé aux banques représentait 2,500,000 dollars en 1856, sur lesquels on accorda un crédit en notes de 2 millions de dollars.

En 1857, le même fonds de garantie ne dépassa pas 560,000 dollars, valeur d'estimation sur laquelle on accorda un crédit de 383,000 dollars en papier.

L'erreur des banques était de vouloir faire toutes leurs affaires avec leurs billets en circulation et d'immobiliser leur capital dans le département de la banque ; et cependant, si on défendait d'avancer de l'argent aux actionnaires de la banque, l'escompte à New-York diminuerait de 10 millions. Enfin il ne faudrait pas laisser le capital à la disposition des banques et les obliger à un dépôt de garantie de 100,000 dollars pour toute association, et de 50,000 dollars pour un seul banquier.

Tels sont les derniers conseils que donne l'inspecteur général de la Banque de New-York à la fin de son rapport pour prévenir le retour des crises. Pour avoir confiance dans leur efficacité, il faudrait oublier le passé et ses leçons.

TABLEAU DES OPÉRATIONS DE LA BANQUE DE FRANCE[1].

Années.	Banque de France. Total annuel des escomptes		Banques des départem.	Prix moyen de l'hect. de froment.	Portefeuille.				Réserve métallique.				Circulation des billets.				Comptes courants				Avances sur				Avances au Trésor.	Bons de monnaie.	Effets au comptant.	Dividendes.
					Paris.		Paris et succursales.		Paris.		Paris et succursales.		Paris.		Paris et succur.		divers.		du Trésor.		Effets publics		Actions et oblig. ch. de fer					
	Paris.	Succursales.		f. c.	Maxim.	Minim.	Maxim.	Minim.	Maxim.	Minim.	Maxim.	Minim.	Maxim.	Minim.	Maxim.	Minim.	Maxim.	Minim.	Maxim.	Minim.	Paris.	Succur.	Paris.	Succur.				
1799.	111			16 20	20	5			10	5.8			23	8			6	1							22		20	50
1800.	205			20 34	34	14			10	5.9			25	16			10	2							30		112	100
1801.	443			22 40	66	27			15	4.0			45	18			17	5							87		253	90
1802.	510			24 32	72	46			18	5.0			58	30			22	8							132		296	113
1803.	505			24 55	75	53			25	4.0			70	53			22	8							178		229	80
1804.	630			19 19	93	61			23	1.4			79	61			18	6							274		317	71
	Crise																											
1805.	255			19 04	70	16			55	1.1			74	48			22	6							228		306	72
1806[2]	63			19 33	39	25			67	53			79	54			37	6							2		»	20
1807.	333			18 88	70	33			83	63			107	74			51	19							27		406	82
1808.	537			16 54	106	66			79	50			108	82			60	16							38		447	73
1809.	545			14 86	130	103			56	33			103	88			31	17							71		598	74
1810.	715			19 61	149	89			49	32			117	90			59	16							49		491	74
	Crise																											
1811.	391			26 13	134	10			124	31			120	54			57	25							164		430	68
1812.	427			34 34	42	11			117	29			133	81			40	14							273		387	69
1813.	640			22 51	57	28			38	12			94	49			23	7							343		256	75
1814.	84			17 73	32	1.7			80	5.5			59	10			55	1							268		230	60
1815.	203			19 53	42	12			93	18			70	17			52	1							62		317	64
1816.	440			28 31	79	35			79	27			79	56			57	15							178		385	76
1817.	547			36 16	101	66			94	33			96	69			68	16							184	20	467	87
1818.	615			34 65	145	62			118	34			126	86			55	27			100	Emprunt			66	26	548	99
	Crise																											
1819.	387			18 42	119	26			173	58			135	79			63	28							216	18	475	66
1820.	253			19 13	67	26			218	161			171	122			77	40							159	»	557	64
1821.	384			17 79	61	28			167	142			195	164			80	66							106	»	640	83
1822.	305			15 49	73	39			198	147			215	165			85	46							148	28	677	73
1823.	320			17 52	179	29			204	162			212	167			110	47							357	2	746	81
1824.	489			16 22	100	31			169	128			251	194			95	41			39	Emprunt			167	»	748	92
1825.	638			15 74	139	71			156	86			245	179			119	38							40	8	822	98
1826.	688			15 85	103	96			119	88			198	156			72	34							147	»	824	94
	Crise																											
1827.	556			18 21	109	80			193	119			203	173			66	36							65		836	74
1828.	487			22 03	102	40			258	182			214	179			73	40							75	4	897	111
1829.	434			22 59	72	50			206	161			214	182			58	33							132	8	845	64
1830.	617			22 39	129	75			172	104			258	212			79	38							291	24	828	85
	Crise																											
1831.	222			22 10	84	25			265	125			238	200			106	59							255		676	81
1832.	150			21 85	29	18			281	216			258	201			78	56							87	27	719	71
1833.	240			16 62	48	25			227	132			228	195			77	39							65		876	66
1834.	316			15 25	56	39			180	119			222	192			69	42			12				36		906	80
1835.	445			15 25	77	54			203	130			241	207			77	41			39						889	98
1836.	760	14		17 32	151	74			182	89			254	196			43	40			77					10	888	112
	Crise																											
1837.	758	25	225	18 53	164	86			248	103			216	190			90	51			46					31	802	126
1838.	803	83	351	19 51	163	86			298				227	195							14					22	948	114
1839.	1.047	136	450	22 14	204	147			249	203			254	195			69	41	169	145	19					32	875	144
	Crise																											
1840.	928	171	485	21 84	201	130			249	206			251	200			90	44	193	106	46					45	891	139
1841.	885	186	509	18 51	164	106			241	169			249	209			65	32	134	87	9					11	952	126
1842.	943	229	574	19 55	164	80			229	174			247	215			50	32	145	97	35	3				4	871	136
1843.	771	240	522	20 46	165	80			247	192			248	216			55	34	150	94	25	3					884	122
1844.	749	318	594	19 75	124	66			279	234			271	233			60	37	140	86	7	3					1.027	107
1845.	1.003	393	722	19 75	194	80			278	176			289	247			121	42	164	90	28	3				2	1.149	133
1846.	1.191	427	772	24 05	221	120			202	70			311	245			108	45	138	34	24	4				5	1.171	159
1847.	1.329	478	854	29 01	231	152			107	57			288	217			69	37	92	4	11	2				6	1.122	177
	Crise	Fusion.																										
1848.	698	950		16 65	252	41	302	164	141	49	246	91	390	255	415	272	89	40	42	16	36	9			100	33	420	75
1849.	256	768		14 15	57	23	163	118	297	142	415	261	421	354	434	415	109	78	73	19	20	4			100	120	521	106
1850.	340	835		14 32	54	25	144	100	347	298	475	432	441	368	492	449	101	62	90	34	60	10			100	81	647	101
1851.	359	881		14 48	59	21	150	93	498	346	622	470	457	396	563	505	160	74	127	56	31	13			100	142	713	105
1852.	608	1.216		17 25	134	36	273	106	513	416	608	510	525	427	671	552	237	107	155		262	44	154	38	125	18	770	118
1853.	951	1.891		22 39	192	110	394	231	415	214	533	316	541	470	685	628	227	132	144	39	143	73	395	126	75	246	925	154
1854.	907	2.037		28 82	201	107	410	241	332	168	497	280	527	428	642	582	219	120	85	24	68	32	260	86	160	285	1.002	194
1855.	1.156	2.589		29 32	248	151	479	310	245	80	440	210	570	474	662	592	198	115	257	52	172	43	326	106	145	211	1.074	200
1856.	1.512	2.907		30 75	271	240	511	382	132	77	285	159	588	502	667	585	189	93	118	51	452	59	212	98	220		1.121	272
1857.	2.085	3.496		24 37	316	239	608	501	119	73	288	181	554	488	649	529	150	104	121	68	124	44	102	79	95		1.137	334
	Crise																											Cap. doublé
1858.	1.464	2.697		16 75	292	161	543	348	287	70	593	250			732	547	175	111	153	62	165	64	216	131	45	384	1.257	114
1859.	1.414	3.281		16 74	264	201	534	440	279	167	644	523			769	662	306	138	258	65	123	85	261	190	68	236	1.375	115
1860.	1.636	3.323		20 24	291	200	562	437	183	114	548	431			801	704	220	134	267	118	103	95	235	195		113	1.584	140
1861.	2.122	3.188		24 55	324	205	608	444	111	73	412	284			802	702	176	98	136	57	67	73	165	141		2	1.776	147

[1] Tout en millions de francs, sauf les dividendes et le prix du froment. [2] 1806, 3 mois.

DES CRISES COMMERCIALES

BANQUE DE FRANCE

HISTORIQUE DES CRISES[1]

Le développement de l'escompte suit une marche régulièrement ascensionnelle pendant un certain nombre d'années, six à sept ordinairement pour arriver à un degré triple ou quadruple du point de départ; alors il s'arrête, présente un état de stagnation pendant une ou deux années, se relève et atteint souvent un chiffre énorme au moment où une crise éclate.

En voici le tableau :

	1799 à 1804	1805 à 1810	1808 à 1813	1814 à 1818	1820 à 1826	1826 à 1830	1832 à 1839	1832 à 1847	1849 à 1857
	Millions	Millions	Millions	Millions	Millions	Millions	Millions	Millions	Millions
Point de départ.	111	255	255	84	253	253	150	150	256
Ann. prospères.	510	557	557	-547	638	638	760	943	951
Temps d'arrêt. .	505	545	545	»	»	»	756	749	907
Crises.	630	715	640	615	688	617	1.047	1.329	2.085
Liquidations. .	255	391	84	253	407	150	847	256	1.414

[1] Voir le tableau page 138.

De 1799 à 1804, l'escompte s'élève de 111 millions à 510 dans l'année la plus prospère (1802), retombe à 503 millions, atteint 630 millions au moment de la crise, et redescend à 255 après la liquidation.

Le même phénomène se présente six à sept fois dans la première moitié de ce siècle, et coïncide parfaitement avec toutes les révolutions, les guerres, les épidémies qui se renouvellent périodiquement dans notre pays.

DU PRIX MOYEN DE L'HECTOLITRE DE FROMENT.

Années d'abondance.	f. c.	Années de disette.	f. c.	Crises.
1799. . .	16 20	1803. . .	24 55	1804
1809. . .	14 86	1812. . .	34 34	1813
1814. . .	17 73	1817. . .	36 16	1818
1822. . .	15 49	1829. . .	22 59	1830
1834. . .	15 25	1839. . .	22 14	1839
1841. . .	18 54	1847. . .	29 01	1847
1849. . .	14 15	1855. . .	29 32	
1859. . .	16 74	1856. . .	30 75	1857
		1861. . .		

Le maximum du prix du blé précède et amène toujours une crise, le tableau qui précède en fait foi. Le minimum ne se rencontre pas toujours dans les années prospères, comme en 1814 et 1849; mais les prix sont toujours modérés dans les années heureuses, il n'y a pas d'exception.

De sorte que, d'après l'examen seul des escomptes et du prix des céréales, sur une période de cinq à six années au moins, on peut se rendre compte de la *proximité* ou de l'*éloignement* d'une crise, et, au lieu d'attribuer le malaise commercial aux troubles et aux révolutions, il faudrait chercher la cause et l'origine de ces dernières dans les écarts de la spéculation et l'encombrement des fabriques.

Tous les six ou sept ans, une liquidation générale paraît nécessaire pour permettre au commerce de prendre un nouvel essor.

Ce sont ces liquidations qui produisent les crises, véritables pierres de touche de la valeur des maisons de commerce. Toutes celles qui ont entrepris au delà de leurs moyens succombent; les autres, assez robustes pour résister, reprennent le cours de leurs opérations avec une vigueur nouvelle, débarrassées des obstacles d'une imprudente spéculation. Mais aussi comment un industriel dont les produits sont demandés sera-t-il assez sage pour limiter sa fabrication aux besoins de la place? Par la force des choses il est entraîné à étendre sans cesse ses opérations tant que les demandes se succèdent, puis tout à coup la spéculation épuisée s'arrête; la production, lancée sur une grande échelle, est obligée de se ralentir, de se modérer. Il faut réduire les salaires, ou même renvoyer une partie des ouvriers qu'il occupe, éveillant chez eux ces sentiments de haine qui se manifestent avec tant de violence dans les révolutions, que ce mécontentement, ce malaise général amènent.

On comprend comment ces perturbations périodiques apportées dans le travail doivent bouleverser les conditions d'existence de la classe ouvrière et lui imposer de rudes et pénibles privations : le mouvement des mariages, des naissances et des décès en rend un témoignage évident, sauf quelques exceptions dont il est facile de sc rendre compte au moment où une grande guerre menace ou éclate. Dans ces circonstances les mariages et les naissances, par suite, se multiplient sans mesure, pour permettre aux jeunes gens d'échapper aux réappels sous les drapeaux.

PREMIÈRE PÉRIODE, DE 1799 A 1804.

(Escompte du papier de commerce.)

ANNÉES.	1er SEMESTRE. Millions.	2e SEMESTRE. Millions.	TOTAL. Millions.
1799.	»	»	111
1800. . . .	80	125	205
1801. . . .	175	267	443
1802. . . .	263	247	510
1803. . . .	220	282	503
1804. . . .	332	297	630 crise.
1805. . . .	124	130	255 liquidation.

De 1799 à 1802, l'escompte des effets de commerce s'élève de 111 millions à 510; ce développement si rapide a amené un premier temps d'arrêt : 15 millions de billets se présentent au remboursement. Le second semestre a été le plus pénible, celui où le plus grand nombre de maisons de commerce ont succombé par suite de la guerre avec l'Angleterre.

Le mouvement semestriel des escomptes rend bien compte de la situation. De 80 millions pendant le 1er semestre de 1800, ils s'élèvent à 267 pendant le second semestre de 1801, restent stationnaires pendant le premier semestre de 1802, puis s'abaissent à 220 millions pendant le 1er semestre de 1803, au moment de la rupture de la paix d'Amiens (17 mai 1803), mais ils se relèvent dès le second semestre à 282 millions, pour atteindre 332 millions dans le premier semestre de 1804, alors la crise éclate. La Banque, dont l'encaisse est tombé à un million, suspend ses payements en espèces; les demandes en remboursement s'élèvent à 1,400,000 fr. et 1,500,000 fr. par jour, par suite des besoins de la guerre. Le censeur insinue même dans son rapport que l'ennemi nous soutirait le numéraire. On limite les remboursements à 500,000 fr. par jour; la Banque se défend pai la diminution de l'escompte, par des achats de piastres et d'obligations payables en écus, sans pouvoir se rendre maîtresse de la situation. Ainsi la rupture de la paix abaisse d'abord l'escompte à 220 millions (1er semestre 1803), la guerre le relève à 332 pour le précipiter à 124 (1er semestre 1805), de 630 millions en 1804, l'escompte tombe à 255 en 1805!

Le capital de la Banque, fixé à 30 millions par le décret de sa fondation en 1800, fut porté à 45 millions par une première loi du 24 germinal an XI (1803), puis élevé à 90 millions le 22 avril 1806. En 1803, son capital de 45 millions dut être employé, partie en rentes, l'autre prêtée sur délégations des receveurs généraux.

Les trois années de 1803 à 1806 furent un état permanent de crise pour la Banque. Les énormes dépenses de la guerre entraînèrent le gouvernement à s'emparer de toutes ses ressources sous diverses formes; il se fit prêter 500 millions, en escomptant les obligations des receveurs généraux. En décembre 1805, sur 97 millions de valeurs escomptées il y avait 80 millions en obligations de receveurs généraux. Ces obligations furent acquittées en mandats, et la Banque fut forcée de suspendre ses payements (octobre 1805 à janvier 1806); les avances faites au trésor furent remboursées en octobre 1806.

DEUXIÈME PÉRIODE, DE 1805 A 1810 ET 1813.

(Escompte du papier de commerce.)

ANNÉES.	1er SEMESTRE. Millions.	2e SEMESTRE. Millions.	TOTAL. Millions.
1805.	124	130	255
1806. .	3 mois seulement.	»	»
1807.	125	207	332
1808.	247	310	557
1809.	292	352	545
1810.	327	387	715
1811.	267	133	391
1812.	154	272	427
1813.	335	304	640
1814.	31	53	84

Après une année de rareté du numéraire, au lieu de s'arracher les sacs d'écus comme en 1805, en 1806, les espèces métalliques encombrent les caisses de la Banque, le public préfère les billets. Cette affluence d'argent sans emploi prouve la diminution des opérations commerciales. On a trouvé plus sage de terminer et de liquider ses anciennes affaires. La Banque elle-même, contrainte par le pouvoir de porter son capital à 90 millions, se trouve dans un grand embarras pour l'utiliser, l'intérêt étant tombé à 3 et 2 pour 100. Elle le place partie en rentes sur l'État, partie en obligations des receveurs généraux jusqu'à concurrence de 40 millions; ce prêt se renouvelle de 1807 à 1814. A ce sujet, M. Gautier fait remarquer que si la Banque ne s'était pas assuré par la collocation en rentes un revenu fixe et indépendant de ses bénéfices commerciaux, elle se fût trouvée en déficit habituel.

Cet abaissement de l'escompte ne dure pas : de 255

millions il s'élève à 333 en 1807, pour atteindre 715 millions en 1810.

Le mouvement semestriel des escomptes s'élève de 124 millions (1er semestre de 1805) à 316 millions (2e semestre 1808), sans interruption ; il retombe à 292 et 252 millions pendant l'année 1809. Comme en 1803, il y a un temps d'arrêt, une légère oscillation. La crise éclate en 1810. L'escompte s'élève à 327 et même 387 millions dans le second semestre.

Le gouvernement signale dans son rapport le tourbillon des affaires à la fin de 1810, les nombreuses faillites qui en furent la conséquence. Le commerce de Paris fait preuve d'un grand courage pour surmonter toutes les difficultés accumulées. Des spéculations exagérées sont limitées. Les capitaux disponibles devant trouver leur emploi, le taux de l'escompte diminue, les recours à la Banque sont moins fréquents.

Les escomptes, de 387 millions (2e semestre 1810), tombent à 133 (2e semestre 1811); il y a un temps d'arrêt pendant le premier semestre 1812; mais dès le second semestre, ils atteignent 272 millions pour arriver à 335 (1er semestre 1813) au moment où la crise éclate.

Comme en 1803 et en 1809, nous retrouvons ici deux années, 1811 et 1812, pendant lesquelles le commerce lutte avant de succomber. Le premier semestre de 1814, les escomptes descendent à 31 millions.

Situation de la Banque au commencement de 1812 :

Numéraire.	114 millions.
Billets en circulation.	117
Effets en portefeuille.	15

Bien triste état, puisque le dividende n'aurait pu être pris que sur la réserve. Les effets de commerce furent même réduits à 10 millions, l'encaisse se maintenant de 112 à 124 millions.

La situation change en 1813 :

Billets en circulation.	85 millions.
Numéraire.	26
Portefeuille.	45

Les besoins du commerce se multiplient toujours, la Banque réduit l'escompte à soixante jours. 20 millions furent remboursés dans une semaine. La réserve descend à 14 millions d'abord, puis à 1 seul. Dans cette circonstance, les remboursements des billets sont limités à 500,000 fr. par jour. L'année suivante, l'escompte tombe de 640 à 84 millions (1813-1814).

Le gouvernement en 1814 ne remplit pas ses engagements. Les mandats échus en novembre et décembre 1813 ne sont pas payés. Le gouverneur ose même déclarer, en 1814, contrairement à ses prédécesseurs, qui appelaient les emprunts du gouvernement des marques constantes d'intérêt, que le privilége de la Banque, depuis 1806, n'a pas produit les bénéfices qu'on pouvait en attendre pour le commerce et les actionnaires. L'État y a puisé d'immenses secours, mais les actionnaires, dont les capitaux ont passé dans ses coffres par son intermédiaire, n'ont recueilli que des dividendes inférieurs à un placement direct.

TROISIÈME PÉRIODE, DE 1814 A 1818.
(Escompte du papier de commerce.)

ANNÉES.	1er SEMESTRE. Millions.	2e SEMESTRE. Millions.	TOTAL. Millions.
1814.	31	53	84
1815.	106	97	203
1816.	180	239	419
1817.	296	250	547
1818.	247	368	615
1819.	200	186	387
1820.	132	121	253

L'escompte s'élève de 84 millions à 615, mais cette augmentation, depuis 1817, est en partie le résultat des avances faites au ministre des finances sur bons du trésor. Le mouvement semestriel des escomptes suit une progression rapide de 31 millions (1er semestre 1814) à 296 (1er semestre 1817), sauf une courte interruption pendant le second semestre de 1815, interruption passagère, que l'invasion explique.

Comme en 1803, 1809, 1811 et 1812, nous observons un temps d'arrêt pendant le second semestre de 1817 et le premier de 1818. Dès le second, l'escompte est porté à 368 millions, la crise éclate. Il retombe à 186 en 1819, et même 121 dans la seconde moitié de 1820.

La crise de 1818 a été produite par les nombreuses émissions de rentes créées pour le payement des contributions de guerre aux étrangers ; en moins de deux ans, on en jette sur la place pour plus de 100 millions.

En juillet 1818, la réserve de la Banque s'élève encore à 117 millions, mais un premier emprunt de 24 millions allait s'ouvrir pour le rachat de notre indépendance ; de plus, 14 millions de rentes étaient adjugées par souscription publique (souscription qui, par parenthèse, s'éleva à 123 millions) pour la liquidation des étrangers, ce qui représentait un capital de 500 millions que la France devait payer dans l'intervalle d'une année, soit par l'exportation de son numéraire, soit par l'exportation de ses produits. L'Autriche, la Prusse, Naples, empruntaient aussi. Par suite, réduction rapide de la réserve, qui, du 1er juillet au 8 octobre, descend de 117 millions à 59. En outre, au lieu d'opérer le payement des 265 millions pour solde de la contribution de guerre dans l'intervalle d'une année, on décide que ce payement aura lieu en neuf mois. Le prix des reports à la Bourse indiquait qu'il n'y avait pas de capitaux oisifs, en même temps que des opérations folles furent opérées par les étrangers sur les fonds publics.

Le 15 septembre 1818, la réserve était diminuée et l'escompte augmentait en sens contraire ; le conseil de la Banque réduit l'échéance à soixante jours. Le 29 octobre la réserve était tombée à 37 millions, et le passif exigible s'élevait à 165. La réserve descend à 34 millions, la circulation des billets monte à 108 et les comptes courants à 55. Alors la Banque, en présence de cette proportion du quart au cinquième entre la réserve et le passif exigible, diminue la durée de l'escompte à quarante-cinq jours, ce qui produit la baisse des changes sur l'étranger et imprime un mouvement rétrograde aux espèces. Leur prompt retour permet de reprendre l'échéance de soixante jours, puis de quatre-vingt-dix jours. En janvier 1819, les payements aux étrangers ont cessé ; des négociations nouvelles ont réduit la somme des rentes à émettre de suite sur le marché et ont prolongé les payements.

En 1819 et 1820, par suite de la réduction des escomptes, la Banque cherche à donner un emploi utile à ses capitaux sans y parvenir; heureusement que, le 13 mai 1820, le ministre des finances lui propose l'escompte extraordinaire de 100 millions de bons royaux pour le dernier payement aux étrangers. Le total annuel des escomptes de 615 millions était tombé à 253.

QUATRIÈME PÉRIODE, DE 1820 A 1826 ET 1830.
(Escompte.)

ANNÉES.	1er SEMESTRE. Millions.	2e SEMESTRE. Millions.	TOTAL. Millions.
1820.	132	121	253
1821.	181	203	384
1822.	207	187	395
1823.	202	117	320
1824.	220	269	489
1825.	278	359	638
1826.	369	318	688
1827.	277	278	556
1828.	255	172	407
1829.	199	234	431
1830.	275	341	617
1831.	135	87	222
1832.	66	84	150

L'escompte s'élève de 253 millions à 688 en 1826, retombe à 407 en 1828, se relève à 617 en 1830, et enfin s'affaisse à 150 en 1832.

En 1823 la guerre d'Espagne le fait descendre, pendant le second semestre, à 117 millions, mais il se relève, dès les premiers jours de 1824, pour atteindre 359 millions (2e semestre 1825).

Pendant qu'en ce moment une crise éclate à l'étranger et que la Banque d'Angleterre est forcée d'élever le taux de l'escompte à 5 pour 100, la Banque de France maintient le sien à 4 pour 100 et avance sur lingots 493 millions. Ce déplacement subit est une conséquence de l'état momentané du change dans un pays voisin.

Le premier semestre de 1826 présente un escompte de 369 millions qui se réduit à 277 dès les premiers mois de 1827. Un état de langueur et de repos succède à l'impulsion extraordinaire de 1825. Des opérations de toutes natures étaient commencées : elles exigeaient des moyens de crédit d'autant plus grands que leur importance tenait de l'exaltation qui avait gagné momentanément les principales places de l'Europe. Ces opérations avaient produit une circulation de valeur extraordinaire et mis la Banque à même d'escompter plus qu'elle n'avait jamais fait ; puis les illusions ont cessé; beaucoup de ces spéculations, dont on espérait une prompte réalisation de bénéfices, sont devenues des charges. Le discrédit en a frappé plusieurs, et il a fallu se liquider dans les plus mauvaises conditions.

Malgré les nombreux recours du commerce à la Banque pendant l'année 1826, l'abondance de l'encaisse fut très-remarquable, ce qui permit de faire face à l'orage. Les nombreux capitaux disponibles diminuent l'escompte des bons du trésor : en 1827, le gouverneur s'en plaint, et le censeur fait remarquer que, à mesure que le crédit public s'est fortifié, les secours de la Banque sont devenus moins nécessaires, les capitaux particuliers sont venus peu à peu se fondre dans les effets publics, et remplacent ceux que la Banque s'était empressée de leur offrir pour les soutenir et les amener à un point d'élévation tel que son appui est devenu à peu près inutile.

L'escompte du second semestre de 1828 tombe à 172 millions. Cette dépression des affaires de la Banque tient à la langueur du commerce, malgré l'abondance des capitaux, qui, craignant de s'engager à long terme, font concurrence à la Banque en se livrant à l'escompte, jusqu'à ce point qu'elle discute en 1829 si elle n'abaissera pas à 3 pour 100 l'intérêt de ses avances.

Dès le second semestre de 1829, les besoins d'argent se font sentir; de 172 millions (2e semestre 1828), l'escompte s'élève à 275 (1er semestre 1830). La révolution de juillet le porta à 341 dans le second semestre, pour redescendre à 66 millions dans le premier semestre de 1832. Néanmoins la Banque traverse la crise de 1830 sans avoir recours à aucune mesure extraordinaire.

CINQUIÈME PÉRIODE, DE 1832 A 1839 ET 1847.
(Escompte du papier de commerce.)

ANNÉES.	1er SEMESTRE. Millions.	2e SEMESTRE. Millions.	TOTAL. Millions.
1832.	66	84	150
1833.	98	141	240
1834.	137	179	316
1835.	201	245	445
1836.	310	450	760
1837.	445	310	756
1838.	336	467	801
1839.	525	521	1,047
1840.	470	457	928
1841.	398	486	885
1842.	445	498	983
1843.	403	367	771
1844.	327	421	749
1845.	389	614	1,003
1846.	557	733	1,291
1847.	701	626	1,329
1848.	514	177	692
1849.	131	125	256

L'escompte s'élève de 150 millions à 1 milliard 47 millions; l'escompte semestriel de 66 millions (1er semestre 1832) à 450 millions (2e semestre 1836) au moment où les embarras se déclarent aux États-Unis, il s'abaisse à 310 millions (2e semestre 1837) au plus fort de la crise d'Amérique. La Banque d'Angleterre a déjà porté l'escompte à 5 pour 100; cependant la Banque de France résiste aux fuites de l'or et satisfait aux demandes des départements et des pays limitrophes. Elle livre 103 millions en espèces à la circulation; pour maintenir sa réserve, elle achète 8 millions d'or à Paris et tire 10 millions en lingots de l'étranger. L'embarras des affaires fut très-court; pendant que le numéraire sortait de Paris à la fin de 1836, il reflue des départements vers la capitale dans la seconde moitié de 1837.

De 310 millions (2e semestre 1837), l'escompte semestriel reprend sa marche ascendante jusqu'à 525 millions (1er semestre 1839).

Après un développement commercial aussi étendu et aussi rapide, il y a un temps d'arrêt dans la progression de l'escompte. Les complications de la question d'Orient en juillet 1840, la crainte de la guerre, l'abaissent à 398 millions pendant le premier semestre 1841; dès que la confiance dans l'avenir est revenue, il reprend sa marche croissante jusqu'à 498 millions (2e semestre 1842).

Depuis 1840, le développement de l'escompte des comptoirs et des banques départementales compense presque la diminution que l'on observe dans celui de la banque centrale, sauf un léger temps d'arrêt en 1840 et 1841, temps d'arrêt qui porte pour la plus grande partie sur le premier semestre de 1841. La moyenne de l'escompte semestriel de 1840 à 1843 égale 471 millions, déduction faite du premier semestre de 1841, ce qui s'éloigne fort peu des chiffres officiels.

La somme des escomptes présente de faibles variations en 1842; mais, dès 1843, elle diminue en s'abaissant à 327 millions (1er semestre 1844).

Cette année 1843 est signalée par la grande affluence des espèces et le bas prix des capitaux qui, s'offrant au-dessous de 4 pour 100, détournent les effets de commerce de la Banque; le même état continue en 1844, le numéraire se porte avec abondance à Paris, les transactions se payent comptant, tous les capitaux disponibles sont consacrés à l'escompte. Cette baisse de l'escompte tient donc à un ensemble de circonstances favorables au commerce; dès la fin de 1844, les besoins d'argent se manifestent d'autant plus vivement que l'abondance de numéraire chez les banquiers et les capitalistes, la difficulté de leur trouver un emploi sûr et convenable a créé à la Banque des concurrents qui ont fait baisser le taux de l'intérêt au-dessous de 4 pour 100, et, par suite, donné naissance à une foule de spéculations et d'entreprises, sans aucun rapport avec les moyens et la puissance des capitaux disponibles sur la place. C'est principalement à partir du second semestre de 1845 que l'on se tourne vers la Banque. L'escompte s'élève à 614 millions pendant les six derniers mois, il fléchit un peu au commencement de 1846, pour atteindre 733 millions dans le second semestre, au moment où le déficit est constaté. Il se maintient à 701 millions pendant la première partie de 1847, mais dès la seconde il s'abaisse à 626, pour descendre à 125 millions pendant le deuxième semestre de 1849.

Dans le cours de l'année 1845, les compagnies des chemins de fer ont absorbé une grande partie des capitaux qui s'offraient, au commencement de l'année, à moins de 4 pour 100 sur la place.

L'embarras des affaires se fait sentir au commencement du second semestre de 1846; il augmente avec l'insuffisance de la récolte, de jour en jour reconnue plus grande que l'on ne pensait.

L'escompte du semestre s'élève à 733 millions, chiffre le plus haut observé jusqu'à ce jour.

Du 1er juillet au 1er janvier 1847, la réserve baisse de 252 millions à 80, soit de 172 millions.

La Banque, pour se défendre et réparer ses pertes métalliques, fait affiner l'argent de 15 millions de pièces démonétisées, se procure en province de 4 à 5 millions en or et argent, emprunte 25 millions aux capitalistes anglais. Les escomptes de la Banque centrale, des comptoirs et des banques départementales atteignent le chiffre énorme de 2 milliards 489 millions!

En présence de besoins aussi étendus, le conseil de la Banque se décide, pour la première fois depuis vingt-sept ans, à porter de 4 pour 100 à 5 pour 100 le taux de l'intérêt (14 janvier 1847).

L'écoulement des espèces diminue dans les premiers mois de 1847; de 57 millions, minimum de l'encaisse (15 janvier 1847), l'encaisse s'était relevé à 110 millions au 16 mars.

Un mouvement de reflux des espèces se manifestait des

départements sur Paris; c'est à ce moment que l'empereur de Russie offrait à la Banque de lui acheter des rentes jusqu'à concurrence d'un capital de 50 millions de francs.

La Banque accepte cette négociation, pensant qu'elle pourra servir à solder les grandes quantités de grains achetés en Russie, qui ne pouvaient être soldés qu'en espèces, et dont les payements n'étaient pas achevés.

L'élévation du taux de l'escompte à 5 pour 100 a été ainsi retardée parce qu'on avait la certitude que la sortie des espèces n'était motivée que par les envois à l'étranger pour le payement des grains et par les travaux extraordinaires pour les chemins de fer dans l'intérieur; aucun billet n'est venu au remboursement, par crainte de ne pouvoir être échangé plus tard contre espèces.

Le développement des escomptes est arrêté dès le premier semestre. De 735 millions (2e semestre 1846), ils baissent à 701 (1er semestre 1847), et descendent à 626 dans la seconde moitié de l'année. Cependant l'escompte des douze mois de 1847 s'élève à 1,329 millions, et en réunissant tous les comptoirs et les banques départementales, à 2,658 millions.

L'amélioration de la situation à la fin de 1847 permit à la Banque de rétablir l'escompte à 4 pour 100 (27 décembre 1847).

La révolution de 1848 éclata au moment où la crise paraissait s'éteindre. Malgré la perturbation des affaires, l'escompte du premier semestre n'est que de 514 millions; celui du second de 177; il s'abaisse régulièrement jusqu'à 125 millions (2e semestre 1849).

En février 1848, l'encaisse s'élevait encore à 226 millions; la situation s'était donc bien améliorée depuis 1847; mais, du 28 février au 14 mars, l'encaisse diminue de 145 à 59 millions.

Pour éviter l'épuisement de sa réserve, la Banque demande au gouvernement la permission de suspendre ses remboursements et de donner cours forcé à ses billets. Elle n'impose aucun sacrifice au commerce; grâce à ces deux mesures, elle domine la situation, et les espèces, qui sortaient avec tant d'effroi de ses caisses, ne tardent pas à y refluer avec une non moins grande rapidité.

De 159 millions, au mois de mars, l'encaisse s'est déjà relevé à 297 à la fin de 1848, à 470 millions en 1849, et enfin à 626 millions le 2 octobre 1850, dépassant plusieurs fois la circulation des billets de plus de 20 millions.

Le 6 août 1850, une loi abolit le cours forcé, ce qui n'amène aucun billet au remboursement, puisqu'on les préfère aux espèces : presque toutes les transactions se font au comptant, comme l'indique l'escompte du premier semestre (129 millions).

SIXIÈME PÉRIODE, DE 1849 A 1857.

(Escompte du papier de commerce.)

ANNÉES.	1er SEMESTRE. Millions.	2e SEMESTRE. Millions.	TOTAL. Millions.
1849. . . .	131	125	256
1850. . . .	129	210	340
1851. . . .	185	174	359
1852. . . .	191	415	608
1853. . . .	427	523	951
1854. . . .	534	376	910
1855. . . .	556	599	1;156
1856. . . .	599	912	1,512
1857. . . .	1,002	1,083	2,085 crise.

1858. . . .	754	710	1,464 liquidation.
1859. . . .	735	678	1,414

L'escompte s'élève de 256 millions à 951 en 1856. La guerre d'Orient, en 1854, le fait tomber à 910, mais en 1855 il se relève à 1,156 millions.

L'escompte semestriel de 125 millions (2e semestre 1849) se relève d'abord à 210 (2e semestre 1850), pour retomber à 174 dans l'année 1851, époque d'incertitude et d'hésitation.

Les premiers six mois qui suivirent le coup d'État de décembre 1851 présentèrent encore une grande langueur (191 millions d'escompte); ce n'est que dans la seconde moitié de l'année que le portefeuille se remplit, surtout pendant les mois d'octobre et de novembre; au moment où l'Empire fut proclamé, l'escompte du second semestre s'élève à 415 millions; la progression continue jusqu'au premier semestre 1854, où il atteint 534 millions. La guerre d'Orient le fait descendre à 376. Il baisse de 158 millions; mais, dès le premier semestre 1855, il se relève à 556 et atteint 599 millions au moment où la Banque prend ses mesures restrictives (novembre 1855).

La paix annoncée en janvier 1856 et signée dans les premiers mois redonne un nouvel élan au commerce; l'escompte du premier semestre se maintient au chiffre de 599 millions, mais dès le second il s'élève à 912 millions; la Banque, qui un instant avait rendu au commerce l'intérêt à 5 pour 100, est forcée d'avoir de nouveau recours aux mesures restrictives. Elle élève le taux de l'escompte et des avances à 6 pour 100 et réduit l'échéance à soixante jours (novembre 1856). Le portefeuille, plus chargé que jamais, dépasse 280 millions pour Paris seulement; au commencement de janvier, en comprenant les succursales, il s'élève à 605 millions! la réserve métallique (janvier 1857) se trouve réduite à 72 millions, malgré les nombreux achats de lingots en présence d'une circulation de billets s'élevant à 544 millions!

Le premier semestre de 1857 se passe mieux que la fin de l'année 1856. Les besoins les plus pressants ayant été satisfaits, le portefeuille se vide pour Paris de 280 millions, janvier, à 244, juin, et, pour les départements, de 285 à 255 millions.

L'encaisse de 72 millions à Paris remonte à 116 en juin, et dans les départements de 119 à 172.

En présence de cette amélioration, le 25 juin, le conseil de la Banque réduit l'escompte à 5 1/2 et porte ses avances à 60 et 40 pour 100: depuis, le 25 novembre 1856, il était à 6 pour 100, et quoique la Banque d'Angleterre l'eût élevé à 7 pour 100, en octobre et novembre, il ne crut pas devoir l'imiter; on réduisit seulement l'escompte à soixante jours. Dès la fin de février on avait accordé quatre-vingt-dix jours; en juillet, la Banque d'Angleterre a baissé aussi l'escompte à 5 1/2 pour 100. Cependant la position était toujours chargée : le portefeuille revenu à 308 millions en août pour Paris; à 295 dans les départements; la réserve baisse de 116 à 110 à Paris, de 172 à 134 dans les départements.

Au commencement d'octobre, on élève l'escompte à Francfort et Berlin. Le 8 octobre, la Banque d'Angleterre le porte à 6 pour 100; le 12 octobre, à 7 pour 100; la Banque de France répond à cette hausse en le portant à 6 1/2 pour 100.

Le 11 octobre, la Banque d'Angleterre l'élève encore à 8 pour 100. La Banque de France, suivant pas à pas, le fixe a 7 1/2.

Enfin, le 5 novembre, la Banque d'Angleterre décida d'escompter à 9 pour 100, et, le 12, à 10 et 12 pour 100.

La Banque de France attend deux jours, et élève aussi le taux de l'escompte à 8, 9 et 10 pour 100. Le lendemain soir, à trois heures et demie, à Londres, l'acte de 1844 était suspendu.

En France, la réserve métallique était tombée à 78 millions à Paris, 115 dans les départements; le portefeuille s'était gonflé à 316 millions, Paris; 292 dans les départements.

La circulation des billets de 513 s'était élevée à 554 millions; les comptes courants, qui étaient montés de 118 millions à 137 en octobre, descendirent à 119 en novembre.

La pression exercée sur la Banque fut assez courte; car, dès la fin du mois, elle réduisait l'escompte à 7, 8 et 9 pour 100; au commencement de décembre, à 6, 7 et 8 pour 100; le 18 décembre, à 6 pour 100; et enfin, le 24, la Banque d'Angleterre ayant réduit le sien à 8 pour 100, on rétablit le cours ordinaire de 5 pour 100 en France.

Le compte rendu mensuel indiquait une grande amélioration. L'encaisse s'était relevé de 50 millions en décembre à Paris, et dans les succursales l'escompte avait baissé de près de 100 millions en un mois; le dégorgement du portefeuille produit le reflux du numéraire dans les caisses.

TABLEAU DE LA SITUATION DE LA BANQUE.
(État mensuel, en millions de francs.)

ANNÉES.	ENCAISSE.		PORTEFEUILLE, ESCOMPTE		CIRCULATION.		DÉPÔTS.	
	Paris.	succur.	Paris.	succur.	Paris.	succur.	Paris.	succur.
1857. Janvier. . .	72	119	280	285	544	68	133	22
— Juin.. . . .	116	172	244	255	513	56	118	23
— Août. . . .	110	134	308	293	554	55	136	22
— Septembre..	119	128	293	285	541	51	118	25
— Octobre. . .	107	118	316	292	554	50	157	24
— Novembre. .	73	115	307	281	531	49	119	25
— Décembre. .	82	153	269	241	488	43	123	23
1858. Février. . .	83	199	244	228	528	44	117	28
— Juin.. . . .	229	281	161	187	548	37	139	30

Cet effet est bien plus sensible dans les premiers mois de 1858, l'année de la demi-liquidation de la crise.

Le portefeuille (escompte) de 316 mil. à Paris, octobre 1857, tombe à 269 en décembre, 244 en février 1858 et enfin 161 en juin, et dans les départements de 292 millions à 187 !

La réserve métallique, au contraire, remonte de 73 millions à 83 millions, en juin 229, enfin, en septembre 287, à Paris; dans les succursales, de 115 à 199 et 306 millions.

La circulation de 551 millions, en octobre 1857, descend à 488 millions dès le mois de décembre, puis, au fur et à mesure que le numéraire s'accumule dans les caisses de la Banque, elle s'étend et le remplace dans les échanges jusqu'à 754 millions (janvier 1859).

TABLEAU DE LA SITUATION DE LA BANQUE DANS LA DEMI-LIQUIDATION QUI SUIT LA CRISE.

ANNÉES.	ENCAISSE.		PORTEFEUILLE ESCOMPTÉ		CIRCULATION.		DÉPOTS.	
	Paris.	succur.	Paris.	succur.	Paris.	succur.	Paris.	succur.
1857. 4e trimestre.	73	115	316	292	554	50	137	24
1858. 1er trimestre	83	199	244	228	468	43	117	28
— 2e —	229	281	161	187	554	38	139	30
— 3e —	287	306	182	200	690		156	34

Si, au lieu de considérer le relevé mensuel de la situation de la Banque, nous jetons un regard sur le compte rendu annuel, nous voyons, en 1857, les escomptes du premier semestre s'élever à 1 million et pendant le second à 1,083,000 fr. pour Paris seulement, et à 3,496,000 fr. pour les succursales; total pour Paris et les succursales : 5,581,000 fr., un milliard de plus qu'en 1856.

En 1858, la dépression produite par la liquidation de la crise se fait de suite sentir; l'escompte semestriel tombe à 754 et 710 millions; en 1859, il s'abaisse jusqu'à 678, pour reprendre sa marche ascendante dans les banques départementales, qui, après avoir présenté une dépression de 3,496,000 à 2,697,000 en 1858, reprennent de suite à 3,281,000 en 1859.

TABLEAU DES ESCOMPTES.

	PARIS.			SUCCURSALES.	
	1er semestre.	2e semestre.	Total.		Total.
1856. . . .	699	912	1,512	2,907	4,419
1857. . . .	1,002	1,083	2,085	3,496	5,582
1858. . . .	754	710	1,464	2,697	4,162
1859. . . .	735	678	1,414	3,281	4,690

Taux de l'escompte et des avances.

La banque d'Angleterre avait baissé l'escompte à 8 pour 100, 24 décembre 1857, quelques jours avant la banque de France l'avait déjà réduit à 5 pour 100; en janvier 1858, elle continue à le réduire à 6, 5, 4 pour 100, et 3 1/2 au commencement de février; alors la banque de France fixe le sien à 4 1/2 pour 100 et dix jours après à 4 pour 100, en juin, à 3 1/2 pour 100, enfin, en septembre, à 3 pour 100, taux auquel nous l'avons vu jusqu'à ces derniers temps (1861).

Résumé de la marche des crises et des liquidations.

De tous les documents qui précèdent, la conclusion est facile à tirer, si l'on veut prendre la peine de comparer entre elles les diverses périodes. Les mouvements des escomptes, du commerce et des revenus publics en France et en Angleterre nous offrent une remarquable régularité que l'on ne saurait prendre pour une pure coïncidence. Leur développement régulier pendant un certain nombre d'années pour arriver, à un degré bien supérieur au point de départ, à un chiffre souvent énorme au moment où une crise éclate, leur dépression complète dans les deux années qui suivent, années de liquidation dans lesquelles disparaissent toutes les maisons douteuses que des moyens artificiels de crédit avaient soutenues, et qui, favorisées par la hausse de tous les produits dans les années prospères, s'étaient lancées avec un capital insuffisant dans les plus vastes spéculations, cause inévitable de ruine du moment où, ces mêmes produits n'étant plus demandés à un prix supérieur, il faut les garder ou les offrir sur le marché, voilà ce qui nous frappe.

Quelle que soit l'époque à laquelle on fasse remonter cette étude, on retrouve toujours la succession des mêmes accidents. Les crises se renouvellent avec une telle constance, une telle régularité, qu'il faut bien en prendre son parti et y voir le résultat des écarts de la spéculation et d'un développement inconsidéré de l'industrie et des grandes entreprises commerciales, souvent aussi l'emploi et l'immobilisation d'un capital supérieur à celui que pouvaient fournir les ressources ordinaires du pays, autrement dit l'épargne. Partout les dépenses ayant excédé les recettes, la différence a pu, pendant un temps, être comblée par le crédit, jusqu'au moment où ses ressorts trop tendus se brisent.

Nous avons indiqué d'une manière générale la succession des périodes prospères, des crises et des liquidations. Nous voudrions montrer ici qu'on peut en suivre le *développement pas à pas*, presque mois par mois, au moins, d'une manière très-claire, *année par année*. Il nous suffira de jeter un coup d'œil sur les comptes rendus mensuels et hebdomadaires des banques de France et d'Angleterre. Les chiffres parleront d'eux-mêmes avec plus d'éloquence que tout ce que nous pourrions ajouter. Ils nous diront si la crise est *proche* ou *éloignée* et, une fois l'orage passé, nous ferons sentir le *moment* de la *reprise des affaires*.

Les maxima et les minima des escomptes de la réserve métallique, de la circulation des billets, des comptes courants, des avances sur effets publics, actions et obligations des chemins de fer, des effets au comptant, des dividendes, ainsi que l'escompte des bons de monnaie et des bons du trésor, attireront successivement notre attention.

Les relevés numériques maxima et minima placés en présence présenteront ce résultat remarquable et inattendu, très-surprenant au premier abord, mais dont la reproduction constante depuis le commencement du siècle, en France et en Angleterre, prouve bien que nous n'avons pas affaire à un rapport fortuit, à un de ces accidents que le hasard amène; c'est que, une fois le *mouvement commencé* dans un sens ou dans un autre, *croissant* ou *décroissant*, il continue sans interruption jusqu'au moment où un revirement complet a lieu, ce qui ne veut pas dire que chaque mois le portefeuille, par exemple, est supérieur au mois précédent; il y a des oscillations; mais, si on prend les maxima et les minima de chaque année, ceux de l'année suivante sont toujours plus élevés ou inférieurs, sauf de rares et très-légères exceptions, que peut-être nous ne rencontrerions pas, si nous possédions le véritable chiffre extrême de l'année, tandis que la publication officielle ne donne la situation que pour un seul jour.

Les tableaux qui suivent résument les opérations des deux grands établissements qui varient le plus sensiblement, selon que la situation générale est prospère ou critique. Nous avons choisi de préférence, pour mettre ces variations en relief et donner à nos recherches une certaine actualité, les périodes de 1845-1847, 1850-1857, 1858-1861. Il sera facile de suivre cette étude sur le tableau général, pour la France, jusqu'au commencement du siècle, et plus haut encore pour l'Angleterre. On trouverait ainsi dans le passé la confirmation du présent et de précieuses indications pour l'avenir.

Bilans annuels, mensuels et hebdomadaires des banques de France et d'Angleterre.

BANQUE DE FRANCE.

TABLEAU DE L'ESCOMPTE.

Total annuel, tout en millions de francs.

	1799 à 1804.	1805 à 1810.	1808 à 1813.	1814 à 1818.	1820 à 1826.	1826 à 1830.	1832 à 1839.	1832 à 1847.	1849 à 1857.
Point de départ.	111	255	255	84	253	253	150	150	256
Crises.	630	715	640	615	688	617	1.047	1.329	2.085
Liquidations. .	255	391	84	253	407	150	885	256	1.414

L'examen de ce tableau nous montre que, de 1799 à 1855, le minimum de l'escompte a varié dans de très-étroites limites, de 84 millions à 256. Après être descendu à 84 millions (1814) et à 150 (en 1832), il se réduit, en 1849, au même chiffre qu'en 1805 et 1820.

L'escompte des années de crise présente presque régulièrement le même chiffre de 1804 à 1830.

1804. . . .	630 millions.	1826. . . .	688 millions.
1813. . . .	640 —	1830. . . .	617 —
1818. . . .	615 —		

On dirait un chiffre fatal; il n'y a d'exception que pour l'année 1810. Depuis 1830, il prend un développement en rapport avec l'intensité, la grandeur de la spéculation, et s'élève à :

1839. . .	1,047 millions.	1857. . .	2,085 millions.
1847. . .	1,329 -	1861. . .	2,122 —

Ce chiffre d'affaires, comparé aux années antérieures, et postérieures indique assez tout ce que cette surexcitation du commerce avait de factice. On peut donc craindre de voir les crises devenir de plus en plus graves avec le développement de l'industrie.

Ainsi en 1801 l'escompte retombe de		630	à	256	millions.
en 1830	—	617	à	155	—
en 1847	—	1,329	à	256	—
en 1857	—	2,081	à	1,414	—
en 1861	—	2,122	à	»	—

En 1847, l'escompte retombe à 256 millions, comme au commencement du siècle; cela peut donner une idée du malaise commercial.

Chacune des périodes qui servent de base à ce travail comprend les années prospères et l'année extrême qui voit se déclarer la crise. Les deux suivantes sont celles de la liquidation. A partir de ces deux années, le mouvement reprend son cours pour parcourir les mêmes phases [1].

La similitude et la simultanéité de ce mouvement, en France et en Angleterre, indiquent bien qu'il n'a rien de particulier et de local, et qu'il ne subit pas l'influence des institutions ou des lois du pays.

Période 1843-1847.

De 1843 à 1847, l'escompte annuel, pour Paris seulement (la fusion n'étant pas encore faite), s'élève de 771 millions à 1,327,000 fr. !

Pour les succursales, de 240 à 478 millions, et, pour les banques départementales, de 522 à 851 !

[1] Voir le tableau page 168.

DÉVELOPPEMENT DU PORTEFEUILLE, DE LA RÉSERVE MÉTALLIQUE ET DE LA CIRCULATION DES BILLETS, D'APRÈS LES COMPTES RENDUS MENSUELS ET HEBDOMADAIRES, EN FRANCE ET EN ANGLETERRE, PENDANT LES TROIS DERNIÈRES PÉRIODES.

PÉRIODES.	ANNÉES.	1. PORTEFEUILLE OU ESCOMPTE. FRANCE [1]. Maxim.	Minim.	ANGLETERRE. Maxim.	Minim.	Total de l'escompte dans l'année. France.	Angleterre.	2. RÉSERVE MÉTALLIQUE. FRANCE. Maxim.	Minim.	ANGLETERRE. Maxim.	Minim.	3. CIRCULATION DES BILLETS. FRANCE. Maxim.	Minim.	ANGLETERRE. Maxim.	Minim.
EMIÈRE PÉRIODE...	1844....	101	73	11	7	749	2.6	273	236	15	14	215	242	21	19
	1845....	164	88	16	8	1,003	18.5	268	193	16	13	262	257	22	19
	1846....	180	135	23	12	1,290	34.2	197	110	16	13	311	259	21	19
	1847....	192	167	21	14	1,327	38.3	80	66	14	8	255	229	20	17
	1848....	252	57	16	10	692	8.8	137	53	15	12	385	263	19	16
	1849....	57	41	11	9	256	4.3	289	145	17	14	413	359	19	17
EUXIÈME PÉRIODE...	1850....	144	100	14	9	1,175	7.4	475	432	17	14	492	449	20	18
	1851....	150	93	15	11	1,240	15.2	622	470	17	13	563	508	20	18
	1852....	273	106	14	10	1,824	7.7	608	510	22	17	671	552	23	19
	1853....	304	231	19	12	2,847	25.9	533	316	20	14	685	628	25	20
	1854....	410	241	16	13	2,947	22.6	497	280	16	12	642	582	22	19
	1855....	479	310	19	11	3,745	22.1	440	210	18	10	662	592	20	18
	1856....	511	383	21	13	4,419	30.9	265	163	13	9	636	594	21	18
	1857....	608	501	31	15	5,596	49.1	288	188	11	6	612	531	21	18
OISIÈME PÉRIODE...	1858....	543	348	25	14	4,561	»	593	250	19	12	690	562	22	20
	1859....	554	440	19	16	4,947	»	644	525	19	16	754	669	23	21
	1860....	562	437	24	19	5,063	»	548	431	16	12	787	709	24	20
	1861....	608	444	21	10	5,329	»	412	284	14	10	778	713	21	19

[1] Pour Paris seulement jusqu'en 1850; pour Paris et les succursales à partir de et y compris cette année. — Les sommes sont en millions de francs pour la Banque de France, et en millions de livres sterling pour celle d'Angleterre.

Enfin, pour le total, de 1,500,000 à 2,600,000 fr.

Le portefeuille, pour Paris seulement, d'après les relevés trimestriels, présente une augmentation analogue, de 73 à 192 millions (1843-1847); dans la dernière année, il atteignit même 231 millions. Si, en mars 1848, nous trouvons un chiffre plus élevé (252 millions), la perturbation apportée dans les transactions commerciales par suite de la révolution de Février en donne l'explication naturelle. Dès le mois d'avril, il était retombé à 211 au-dessous du maximum de 1847 et, en avril, à 158 au-dessous du minimum; jusque-là l'accroissement avait été régulier et constant, les maxima et les minima toujours supérieurs à ceux de l'année précédente. En juin, il était descendu à 117 millions, et enfin à 41 en décembre.

PORTEFEUILLE, ESCOMPTES.

	1844	1845	1846	1847	1848	1849
Maximum. . . .	101	164	180	192	256	47
Minimum. . . .	73	88	135	167	41	23

En Angleterre, les escomptes et les avances confondus sous le même titre, *other securities* (autres valeurs), suivent la même marche qu'en France.

Le total annuel des escomptes seuls augmente toujours, et les diminutions, aux époques de liquidation, sont des plus remarquables. Ainsi de 2,600,000 liv. en 1844, ils s'élèvent d'une manière croissante et continue à 34 millions en 1846, et 38 en 1847, l'année de la crise. La liquidation, commencée en 1848, les réduit à 8 millions, et, quand elle fut complète en 1849, le relevé annuel ne dépassa pas 4 millions d'effets escomptés! Quelle diminution pour ne pas dire suppression du crédit et des affaires à terme!

D'après les comptes rendus hebdomadaires, les escomptes et les avances (*other securities*) s'étaient progressivement élevés de 5,600,000 liv. en 1843; à 23,200,000 liv. en 1846 (575 millions de fr.), et à 21 millions en 1847. Le maximum du portefeuille a devancé d'une année le moment le plus critique : les embarras se manifestaient déjà par son engorgement, quoique l'encaisse n'eût pas encore été attaquée. En octobre 1847, le portefeuille, il est vrai, n'est que de 21 millions de liv., l'escompte à 8 pour 100; mais la réserve métallique de 16 millions de liv. st. est tombée à 8.

La crise éclate en France et en Angleterre, et quoique dans ce dernier pays il n'y eut pas la terrible complication d'une révolution, la liquidation des affaires mal engagées fut désastreuse. Le portefeuille, représentant une partie des obligations de commerce que le crédit favorise, se vide rapidement par suite de l'ébranlement de la confiance et de la suspension des affaires à terme. Dans ces moments, un modeste comptant alimente les canaux du commerce qui, hier encore, coulaient à pleins bords.

En France, de 256 millions en 1847, le portefeuille tombe à 41 millions en 1848, et enfin à 23 millions en 1849. Le total annuel des escomptes de 1,329 millions à 256 (1847-1849) !

En Angleterre le portefeuille baisse de 23 millions (575 millions de fr.) à 16 (1847-1848); 11 millions en 1849; 9 millions en 1850.

Le total annuel de 38 millions de liv. st. (950 millions de fr.) s'affaisse à 4 millions de liv. st. (100 millions de fr.), 1849 !

La liquidation était complète : par la différence des *maxima* et des *minima* on peut juger à quel prix ; mais aussi quelle reprise des affaires, quand le terrain fût déblayé d'une imprudente spéculation. Dès 1850 tout reprend et repart dans les deux pays. En France même le mouvement était déjà sensible avant le coup d'État du 2 décembre. De 256 millions l'escompte s'était relevé à 359 pour Paris seulement.

Période de 1850-1857.

La stagnation des affaires, suite de la liquidation de la crise, se prolonge jusqu'en 1850. L'escompte négligé tombe à 2 1/2 pour 100; en Angleterre les affaires se font au comptant, et le 28 décembre 1852 il est réduit à 2 pour 100 ; en France, 5 mars 1852, à 3 pour 100.

Nous voici arrivé au plus beau moment du développement du commerce et de la richesse des nations, doublement favorisées par la découverte des mines d'or et par les réseaux des chemins de fer; à l'aide de ces deux puissants moyens de circulation, le mouvement a été des plus rapides et entraîne à des hauteurs inconnues jusqu'ici, quoique toujours avec la même régularité.

Pour Paris seul, le total annuel des escomptes (1849-57) s'élève de 256 millions à 2,085 millions de fr.[1]

Le portefeuille de la Banque, Paris et succursales, s'élève, par une progression continue, d'une admirable régularité, de 93 millions à 608 (1851-57), présentant chaque année un maximum supérieur à celui de l'année

[1] Pour Paris et les succursales de 768 millions à 3,496,000,000 fr.

précédente; au moment des plus graves embarras, alors que l'escompte était porté à 10 pour 100, il avait déjà un peu fléchi à 588 millions.

En Angleterre de même de 4 millions de liv. st. (100 millions de fr.), le total annuel des escomptes s'éleva à 49 millions (1,225 millions de fr., 1849-57).

Le portefeuille de 9 millions (225 millions de fr.) à 31 millions; la progression est parfaitement régulière, sauf en 1854, quand la guerre d'Orient vient en ébranlant la confiance imposer un temps d'arrêt. Le mouvement reprenait l'année suivante, pour continuer jusqu'en novembre 1857, à 31 millions de liv. st.; l'escompte porté à 10 et 12 pour 100.

Dans les deux pays c'est le dernier terme de la progression : les transactions portées à cette dernière limite, il faut s'arrêter. La crise enraye le mouvement; mais, malgré une perturbation beaucoup plus violente en Angleterre qu'en France, un grand nombre de banques suspendirent; le ralentissement des affaires ne fut pas assez grand, la secousse n'avait pas été assez violente pour renverser tous les crédits douteux; la liquidation ne fut pas complète. Nous en avons vu de semblables exemples depuis 1800. Pendant une année de langueur, dans laquelle le portefeuille des deux banques se vide de moitié (1858), on reprend équilibre, puis tout repart pour arriver à un nouvel engorgement (1861).

De 608 millions le portefeuille de la Banque de France tombe à 348, juin 1858. — Le total annuel de 5,598 millions à 4,567.

En Angleterre, de 31 millions liv. st. le portefeuille

tombe à 14. La diminution est dans la même proportion qu'en France. Nous ne possédons pas encore le relevé annuel qui accuserait la même diminution.

Période de 1858-1861.

Tout le monde se rappelle les embarras du moment trop courts cependant pour déterminer une liquidation complète. Il y eut une suspension des affaires, comme l'indique la réduction du portefeuille en France et en Angleterre, mais l'abondante importation d'or en 1858 facilite singulièrement la reprise.

En Angleterre, l'escompte qui, dans la période antérieure, avait demandé cinq années de 1852 à 1857 pour s'élever de 14 millions au-dessus de 21, sauta brusquement en deux ans de 14 millions à 24 (1858-1860). De 3 pour 100, le taux des escomptes avait été porté à 5 pour 100, 11 avril; à 6 pour 100, le 14 novembre 1860; à 7 pour 100, le 9 janvier; ils ne dépassaient pas alors 21 millions. Quand il fut porté à 8 pour 100 (13 février 1861), ils étaient déjà descendus à 20 millions.

En France, l'année 1858 était à peine écoulée, que déjà le maximum du portefeuille des années antérieures était dépassé. De 348 millions il remonte à 534 millions en 1859; à 562, en 1860, et enfin, en janvier 1861, le voici revenu à 606 millions au même maximum qu'en 1857! De 5 1/2 pour 100 (3 janvier), le taux de l'escompte est porté à 7 pour 100 (le 9). Ces symptômes précurseurs des crises, comme en 1844 et 1856, diminuent un peu en mars, l'intérêt est ramené à 5 pour 100. Le portefeuille était retombé à 444 millions, il se relève à 578 en octobre, l'escompte est de nouveau porté à 6 pour 100.

En janvier 1862, il atteint 675 millions, dépassant de beaucoup tous les *maxima* antérieurs (intérêt 5 pour 100).

En France et en Angleterre, le maximum des escomptes ne s'observe pas au moment de la plus haute élévation du taux de l'intérêt, mais un peu avant. Cette mesure restrictive arrêterait-elle le mouvement ou ne serait-elle prise qu'au moment où il commence à décroître?

Les tableaux de l'escompte en Angleterre nous indiquent qu'en 1847, sur un total annuel des escomptes de 38 millions de liv. st., 27 millions furent escomptés à 6 pour 100 et au-dessous, et 4,600,000 liv. st. au-dessus. En 1857, sur un total de 49 millions, 22 millions furent escomptés à 6 pour 100 et au-dessous, et 19 millions au-dessus, dont 10 millions à 10 pour 100. L'élévation de l'escompte n'éloigne donc pas le papier du commerce de la Banque, c'est la sévérité du comité de l'escompte qui en repousse la plus grande partie, et surtout la difficulté des renouvellements qui causent les plus grands embarras et les liquidations forcées.

Jusqu'au mois de juillet 1861, l'escompte suit la même marche dans les deux banques. Après avoir atteint 608 millions et 21 millions de liv. sterl. en janvier, en France et en Angleterre, il faiblit en mars et en mai à 444 millions et à 17 millions de liv. st.; se relève à 21 millions de liv. st. en juillet, et à 547 millions en août en France; mais à partir de ce moment, dans chacun des deux pays, il suit une marche différente. Tandis qu'en France la progression continue jusqu'à 675 millions de fr., en janvier (1862), le portefeuille se gonflant de plus en plus

En Angleterre, le portefeuille baisse de jour en jour comme aux époques de liquidation : de 21 millions il tombe à 16; le minimum avait été de 14 millions de liv. sterl. en 1858, et de 9 millions en 1850. La liquidation, par suite de la stagnation des affaires, serait donc déjà commencée de l'autre côté du détroit[1].

Une différence de 3 pour 100 dans le taux de l'escompte avait pu exister entre les deux places, comme déjà on l'avait observé à d'autres époques, sans que l'arbitrage ait pu se faire par suite du change défavorable qui s'était élevé de 25 fr. à 25 fr. 50 c., mars 1860, septembre 1861. En 1847, le change s'était élevé à 25 fr. 85 c., et à 25 fr. 40 c. en 1857.

C'est pour combattre ce change défavorable, qui rendait l'exportation du numéraire avantageuse, en drainant la réserve métallique de la Banque, que cette dernière conclut avec MM. de Rothschild et Baring un traité par lequel elle pourra tirer de Londres jusqu'à concurrence de 2 millions de liv. sterl. (50 millions de fr.). Un même traité, jusqu'à concurrence de 400,000 liv. sterl., était aussi passé avec Hambourg.

Pour défendre son encaisse menacé elle met en report et livre, fin septembre, 28 millions de ses rentes et fonds disponibles; cependant, malgré ces deux puissantes ressources, il baisse encore de 304 millions à 284.

De la réserve métallique, 1842-1847.

La réserve métallique faisant la contre-partie des es-

[1] En France en juin 1862 le portefeuille est déjà tombé de 675 millions à 485.

comptes, nous devons l'étudier ici. Ce qui frappe le plus dans les comptes rendus mensuels de la Banque, ce sont les deux mouvements en sens inverse du portefeuille et de l'encaisse. Tandis que l'un augmente sans cesse, l'autre diminue sans bruit, s'écoule peu à peu d'une manière continue, dont le vide se fait surtout remarquer aux époques de crise, mais qui, pour l'observateur attentif, était depuis longtemps révélé par la décroissance des *maxima* et des *minima* mensuels et hebdomadaires. Le reflux du numéraire s'observe immédiatement après les crises dans les deux ou trois années qui suivent, à la fin de la suspension des affaires ou au moment de la reprise. En se rétablissant avec une si grande rapidité, l'encaisse, comme les escomptes, offre un maximum supérieur à celui de la dernière période.

Ce double mouvement pour l'escompte et la réserve métallique n'est donc pas particulier à une seule année, l'année de la crise, comme on semble le croire, puisque nous constatons que la tendance, dans un sens ou dans un autre, est toujours très-marquée. La crise paraît et éclate, quand des deux côtés il est porté aux dernières limites; ce qui prouve que, si des causes étrangères peuvent précipiter l'explosion, il faut bien reconnaître que tout était préparé depuis longtemps pour cette fin, et que, un peu plus tôt un peu plus tard, il fallait liquider, car une crise n'est qu'une liquidation générale pour permettre aux affaires de reprendre sur une base plus solide, et non pas sur les ressorts d'un crédit trop tendu que les charges accumulées finissent par rompre.

VARIATIONS DE L'ENCAISSE MÉTALLIQUE.

1799 à 1804.	1805 à 1810.	1806 à 1813.	1814 à 1818.	1820 à 1826.	1821 à 1830.	1830 à 1836.	1836 à 1839.	1840 à 1847.	1847 à 1857.
Millions	Millions	Millions	Millions	Millions	Millions	Millions	Millions	Millions	Millions
5	1	1	5	34	86	104	89	160	49
25	83	124	118	218	238	181	249	279	626
1	32	5	34	86	104	89	160	49	72

La situation de l'encaisse métallique n'est plus la même que celle des escomptes et de la circulation des billets, son minimum s'observe toujours dans l'année où la crise éclate, et son maximum dans les années prospères, ce qui est le contraire pour les deux autres.

Le maximum de l'encaisse a varié de 25 millions (première période, 1799-1804) à 626 (deuxième période, 1847-1856).

Depuis 1814, le minimum de l'encaisse se rapproche beaucoup de celui de 1818 (34 millions), 57 en 1847, 49 en 1848, et en 1857 70 millions.

Après chacune de ces dépressions de la réserve, le numéraire reflue plus abondant que jamais dans les caisses de la Banque.

	Paris seul.	Paris et succursales.
Ainsi	de 1 à 124 millions.	de » millions.
	de 86 à 238 —	de » —
	de 89 à 249 —	de » —
1848-1851,	de 49 à 626 —	de 91 à 622 —
1857-1858,	de 70 à 287 —	de 165 à 644 —

Les chiffres qui précèdent mettent suffisamment en lumière ce double mouvement de flux et de reflux.

Le maximnm de l'encaisse, qui varie peu de 1814 à 1844, de 218 millions à 281, prend des proportions énormes à partir du moment où les billets de 100 fr. et de 200 fr. sont mis en circulation. Il s'élève jusqu'à 626 millions en 1852. La différence entre ces deux *maxima* doit représenter assez bien la somme métallique que ces billets ont remplacée dans la circulation et le mouvement des échanges.

Si l'on compare maintenant le minimum de la réserve métallique au maximum des billets en circulation, on observe de bien grandes différences.

ANNÉES.	MINIMUM. Encaisse métallique.	MAXIMUM. Circulation des billets.
De 1799 à 1804.	1 million.	79 millions.
1805 à 1814. . . .	5 —	133 —
1814 à 1818. . . .	5 —	126 —
1820 à 1826. . . .	86 —	251 —
1830 à 1836. . . .	89 —	241 —
1846 à 1847. . . .	57 —	311 —
1848 à 1849. . . .	49 —	413 —
1855.	86 —	542 —
1857.	72 —	649 —

Depuis 1818 jusqu'en 1836, le minimum de la réserve métallique ne descend pas au-dessous du tiers de la circulation des billets; ce que l'on a regardé jusqu'ici comme une garantie suffisante n'a pas empêché une crise d'éclater chaque fois que cette proportion s'est rencontrée. Mais depuis 1830 le minimum de la réserve s'abaissant au-dessous du tiers, comme en 1847, 1855, 1856, n'oblige pas la Banque à suspendre ses remboursements tant que la panique ne s'en mêle pas; car en 1847, avec une réserve aussi réduite qu'en 1848, elle continue ses opéraons régulières, tandis que dans cette année elle dut clamer le cours forcé pour ne pas les interrompre.

En France (1844-1847), la réserve métallique s'abaisse, année par année, de 279 millions à 57.

En Angleterre, pendant la même période, de 16 millions de liv. st. (400 millions de fr.) à 8 millions de l. st. (200 millions de fr.).

Dans la seconde période (1850-1857), après être remonté de suite à un chiffre élevé, elle présente le maximum au moment où les escomptes, après la dépression de la liquidation, commencent à se développer.

Ainsi de 91 millions en France, en y comprenant les succursales, elle atteint de suite 622 millions (1848-1851), c'est le maximum. Depuis, au fur et à mesure que le portefeuille se remplit, elle baisse, décroît peu à peu, année par année, à 163 millions en 1856, et à 188 en 1857. Le minimum ne se présente pas l'année même des plus graves embarras, mais elle se trouve assez réduite pour expliquer les inquiétudes qui font porter le taux de l'escompte à 10 pour 100.

En Angleterre, de 8 millions elle s'élève rapidement aussi à 17 et atteint son maximum, 22 millions de liv. st. (550 millions de fr.), de 72 millions inférieurs à celui de la France. A une année près, le maximum s'observe à la même époque dans les deux pays; cependant la décroissance est un peu moins régulière dans le premier que dans le second. La guerre d'Orient produit notamment en Angleterre, comme pour les escomptes, une perturbation qui n'a pas été sensible en France. La réserve métallique y tombe tout à coup en effet de 20 millions de liv. st. à

10 (1853-1854), pour se relever l'année suivante à 18. Cette chute a eu probablement pour cause quelque besoin urgent de numéraire destiné à solder les frais de la guerre : cela paraît si naturel, que, dès l'année suivante, la réserve s'était reformée en gardant sa proportion décroissante, et continue à s'affaisser dans les années suivantes jusqu'à 6 millions de l. st. (150 millions de fr.), de 13 millions inférieure au minimum observé en France.

La dernière période (1858-1862) ne s'écarte pas de la règle déduite des précédentes. Dès que le mouvement de sortie est suspendu, les rentrées s'opèrent avec la rapidité ordinaire. De 165 millions en France (minimum de 1856), la réserve métallique est déjà revenue à 593 millions en 1858, et à 644 en 1859. Ainsi, trois années seulement après le minimum, le maximum reparaît, supérieur de 22 millions à celui de la première période : mais la décroissance est aussi beaucoup plus rapide, puisque deux ans après, c'est-à-dire en novembre 1861, la réserve est déjà tombée à 284 millions !

En Angleterre, la réserve de 6 millions de liv. sterl. s'élève, l'année suivante, même à 19 millions (1857-1858); ce chiffre ne peut être dépassé en 1859. La baisse, comme en France, reparaît de suite jusqu'à 10 millions de liv. st., janvier et février 1861, l'escompte à 7 et 8 pour 100.

Depuis ce moment, le portefeuille se dégorgeant toujours, l'encaisse se rétablit; en décembre elle est déjà revenue à 15 millions de liv. st., l'escompte à 3 pour 100.

Ce sont ces deux mouvements en sens contraire, la diminution du portefeuille et l'augmentation de la réserve métallique, qui nous faisaient dire que la liquidation paraissait s'opérer en Angleterre.

Circulation des billets.

L'émission du papier est le but principal de l'institution des banques modernes. Cette émission a le double but d'ajouter à la circulation métallique et de la remplacer par un signe monétaire d'une transmission plus facile et plus rapide. Mais elle peut créer les plus grands troubles, les plus grands embarras, si elle se fait sans mesure, c'est-à-dire si elle ne tient pas compte des véritables besoins de la circulation, et surtout si elle ne s'appuie pas sur une réserve métallique suffisante pour assurer le remboursement à vue des billets.

CIRCULATION DES BILLETS DE BANQUE.

(Tout en millions de francs.)

1799 à 1804.	1805 à 1810.	1805 à 1813.	1814 à 1818.	1820 à 1826.	1836 à 1840.	1840 à 1847.	1847 à 1857.	1857 à 1861.
8	48	48	10	79	190	169	217	529
79	117	133	126	251	251	341	685	802
48	54	10	79	156	169	217	529	702

La circulation des billets présente le maximum dans les années qui précèdent les crises et le minimum dans les années qui suivent.

L'acte de 1844, qui a réglé le mécanisme de la Banque d'Angleterre, a restreint la circulation dans des limites si étroites, que, à deux reprises (en 1847 et 1857), sous la pression de besoins urgents et considérables, on a dû permettre de les franchir.

En 1848, lorsque le remboursement des billets de la Banque de France est suspendu; le gouvernement, pour donner au public une garantie contre leur dépréciation, crut devoir en limiter également l'émission. On la fixa d'abord à 452 millions (27 avril, 2 mai). La réserve métallique ne dépassait pas alors 91 millions. Malgré les primes que font l'or et l'argent, signe évident de la dépréciation de billet, il continue à circuler pour sa valeur nominale. La baisse de tous les produits, et surtout la suspension des transactions commerciales, corrigent d'ailleurs, dans une certaine proportion, cette différence entre les deux natures de circulation fiduciaire et métallique. Cependant les craintes du présent et les inquiétudes de l'avenir ayant fait disparaître l'or et l'argent, et les échanges les plus indispensables à la vie devenant ainsi très-difficiles, un moment doit venir où le papier prendra forcément la place des métaux précieux; ce qui arrive en effet.

De 1843 à 1846, la circulation s'élève de 215 à 311 millions pour Paris seulement; en 1847, au moment des embarras, quoique l'escompte fût maintenu à 5 pour 100, elle était retombée à 255 et même 217 millions.

En Angleterre, à la même époque, la circulation de la Banque s'était élevée de 15 millions de liv. st. à 22 (1841-1845), c'est le maximum. Elle descend à 20 millions le 25 octobre 1847, l'escompte à 8 pour 100, au moment le plus critique. Le 24 décembre, les demandes ayant cessé, elle baisse à 17 millions et à 16 pendant la liquidation en 1848.

En mars 1848, la circulation de la Banque de France, pour Paris seulement, quoiqu'elle s'étendît à la France entière, s'élevait à 263 millions et ne dépassait pas 9 *millions* dans les départements ; on peut dire qu'elle était presque nulle. Le total, pour tout le royaume, ne dépassait pas 272 *millions*. Sous l'influence du cours forcé et de la suspension des remboursements, elle s'éleva à 375 millions ; de 9 millions dans les départements, elle atteignit 78 millions en juin. En même temps, et par suite de l'émission des coupures de 100 fr., la réserve métallique monte de 91 à 145 millions.

Le calme commence alors à renaître. La Banque, ne recevant pas de demandes d'escompte, tandis que son portefeuille se vide sans relâche, et voyant son encaisse protégée par la suspension des remboursements, songe à reprendre ses payements en espèces. Le moment est favorable ; la panique est passée ; les besoins n'existent plus ; on approche, d'ailleurs, de la limite fixée par la loi (452 millions).

Dans cette situation, la conduite de la Banque est naturellement tracée : sa réserve augmentant sans cesse, elle doit modérer l'émission du papier et rendre à la circulation le numéraire qui afflue dans ses caisses.

Un spectacle singulier se produisit alors. Le public, qui a repris confiance dans le billet, parce qu'il est accepté partout pour sa valeur nominale, tenait envers la Banque une conduite bien différente de celle qui entraîne de si grands embarras dans les crises ; bien loin de réclamer du numéraire, alors qu'on le lui offrait, il n'en voulait à aucun prix. De là cette lutte entre le public et la Banque : le premier pour obtenir des billets qu'on lui refusait, la seconde pour faire accepter des espèces que l'on repoussait. La limite de l'émission des billets, 452 millions, ôtait toute liberté à la Banque; pour donner satisfaction à ces réclamations, on porta ce maximum à 525 millions (22 décembre 1848). Enfin, le 9 août 1849, le cours forcé fut aboli et la libre émission des billets permise conformément aux statuts.

A la fin de l'année, la circulation a dépassé 400 millions, et la réserve métallique est à 261 millions. Le mouvement d'extension continue presque sans arrêt, et arrive à 427 millions en 1849, tandis que la réserve métallique, elle aussi, a grossi sans cesse pour atteindre 302 millions en mars 1849. Ainsi le premier effet du cours forcé et de l'émission des billets de 100 fr. a été d'accroître la circulation de 100 millions (272 millions, mars; 375 millions, juillet 1848), en présence d'une réserve métallique s'élevant de 91 à 145 millions. Les espèces ayant augmenté sans interruption (de 145 millions à 302, mars 1849), les billets ont dû prendre leur place dans la circulation, mais pour une assez faible part, car la circulation n'augmentait que de 52 millions (375 à 427).

Le mouvement n'est cependant pas encore terminé; et la liquidation, accompagnée d'une suspension presque complète des transactions commerciales intérieures, fait toujours affluer les espèces à la Banque. La réserve métallique, de 415 millions à la fin de 1849, s'élève à 475 en mars 1850; à 586 en juin 1851; enfin à 622 en octobre de la même année.

La circulation des billets, au contraire, de 427 millions en 1849, progresse lentement à 536 en octobre

1851, ne s'accroissant que de 109 millions, tandis que l'encaisse a gagné 300 millions (de 302 à 622). Le billet n'a donc pu prendre dans la circulation la place laissée libre par le numéraire.

En 1853, lorsque la circulation des billets a grandi jusqu'à 685 millions, la réserve métallique s'est déjà abaissée de 622 à 482; le mouvement, en sens contraire, commence à se produire. Deux mesures amenées par la crise de 1847, dont l'une réclamée depuis longtemps, ont contribué à répandre en France la circulation des billets de banque : le cours forcé et les coupons de 100 fr. Le reflux du numéraire, qui se manifeste immédiatement après le drainage de la réserve pendant la liquidation ou peu après, indique bien que, pour l'usage ordinaire, le billet est préféré; mais, dès que le mouvement commercial a repris, l'intervention du numéraire devient d'année en année plus nécessaire, puisque nous le voyons fuir peu à peu sans que le papier prenne sa place, au contraire, sa circulation diminuant aussi ; c'est surtout à partir du moment où la réserve métallique se reconstitue et rentre s'accumuler dans les caves de la Banque, en 1849, que, parallèlement, on voit l'émission croître et la circulation se développer. La somme nécessaire pour les besoins des échanges paraissait être, en 1848 et 1849, de 375 à 425 millions. Depuis 1849, les billets commencent à remplacer la circulation métallique, si recherchée naguère, reversée aujourd'hui dans les coffres de la Banque.

De 272 millions, ils s'élèvent :

	1848	1849	1850	1851	1852	1853	1856
A	415	454	492	563	671	685	594

Parallèlement, la réserve métallique augmente :

246 415 475 622 608 533 163

Le maximum, 685 millions, a été atteint en 1853, deux ans après le maximum de la réserve métallique, et alors que déjà le mouvement de décroissance de cette dernière était commencé et devait continuer, sans interruption, jusqu'à la crise de 1857, les *premiers symptômes se faisant sentir six années avant l'explosion.*

En 1851, la réserve métallique est rétablie et a atteint un maximum dépassant la circulation de 59 millions. En présence de cet état anormal, cette dernière continue à se développer encore pendant deux années : puis, à partir de 1853, diminue chaque année jusqu'en 1857. De 685 millions, elle tombe à 531 (décembre 1857). En novembre, au moment des plus pressants secours à la Banque, elle est de 105 millions inférieure au maximum (685-580 millions).

A Paris, la circulation des billets (1848-1853) avait seulement doublé de 263 à 520 millions : mais, à côté, la réserve métallique de 53 millions (1848) s'était élevée à 508 millions (1852). La différence n'était donc que d'une douzaine de millions, chaque billet se trouvant représenté par le numéraire en caisse.

Dans les départements, le développement avait été beaucoup plus considérable qu'à Paris. De 9 millions, en 1848, elle était arrivée à 165 millions en 1853 ; puis elle s'affaisse, faiblit régulièrement d'année en année à 43 millions en décembre 1857; elle ne dépassait pas 50 millions en novembre même année.

Les oscillations en hausse et en baisse sont beaucoup moins extrêmes que pour les escomptes et la réserve métallique, mais suffisent pour montrer, contrairement à l'opinion que l'on cherche à faire prévaloir, que, dans les moments de crise, ce ne sont pas les billets de banque que l'on recherche, puisque, avant même que la Banque ne prenne aucune mesure restrictive, quoique le mal soit à l'état latent, la circulation est plutôt au-dessous de celle des années antérieures. Nous insistons, parce qu'elles indiquent bien que rien n'est plus variable que la quantité de billets qui peut rester en circulation, quoique garantie par une représentation métallique en caisse presque équivalente et même supérieure, comme en 1851 (622 millions espèces contre 566 billets).

Cette situation se manifeste particulièrement aux époques de stagnation qui suivent la liquidation des crises. Le numéraire, inutile alors aux échanges et à la balance des comptes avec l'étranger, vient s'accumuler inactif à la Banque, et le billet le remplace dans la circulation. Mais, si les affaires reprennent, si les échanges se multiplient à l'intérieur et à l'extérieur, le besoin de la monnaie métallique se fait sentir, et l'abaissement continu de l'encaisse, depuis la première année de prospérité jusqu'à celle où la crise éclate, atteste la nécessité de l'intervention de cette monnaie pour le solde de différences qu'on ne peut compenser autrement.

La diminution extrême de la réserve métallique n'est donc pas un fait particulier à l'année de la crise, mais bien le dernier terme d'un mouvement qui s'est produit au premier jour de la reprise des affaires, alors que le numéraire, négligé plus ou moins longtemps, est intervenu activement dans les transactions.

Pour conseiller la fixité du taux de l'escompte et l'augmentation de la circulation des billets comme moyen de salut, il faut avoir oublié les crises de 1804, 1810, 1813, 1818, 1826, 1830, 1839, 1847, pendant lesquelles l'escompte, maintenu à 5 pour 100, n'a pu prévenir aucun désastre. Il suffirait d'étudier les fluctuations précédentes pour se convaincre que, quand on veut forcer la circulation des billets par une nouvelle émission, ces derniers ne tardent pas à revenir s'échanger contre espèces. Ce ne sont donc pas eux que l'on recherche dans ces moments; car, à peine reçus au guichet de l'escompte en échange du papier de commerce, ils se présentent au guichet des remboursements pour être convertis en valeurs métalliques, comme la diminution de la réserve ne le prouve que trop; et, en présence de ce fait, on ose affirmer que, en augmentant la circulation, on répondra à tous les besoins. Il est difficile de plus fermer les yeux à l'évidence. Si la circulation seule des billets suffisait, pourquoi s'attaquer à l'encaisse? Car la Banque n'élève le taux de l'escompte que parce que, dans ces moments, c'est le numéraire que l'on recherche, numéraire que le change défavorable sollicite, soit pour l'étranger, soit pour la balance de certains payements à l'intérieur.

Le danger qui menace l'encaisse ne saurait être conjuré, à moins de décréter le cours forcé ou de suspendre le remboursement des billets.

Les exemples pris en France devraient suffire, nous le

pensons, pour convaincre les esprits les plus prévenus; mais nous trouvons la confirmation de tout ce qui précède en Angléterre.

De 16 millions en 1848, la circulation de la Banque d'Angleterre s'élève à 23 millions l. s. (575 millions de fr.), et, en 1852 et 1853, années prospères, la réserve métallique à 22 millions l. s. Les deux *maxima* se balancent à un million près. En 1854, elle fléchit à 22 millions, descend à 20 en 1855, se relève à 21 en 1856; mais, au commencement de 1857, elle s'était abaissée à 18 millions, 19 en avril, le portefeuille s'élevant déjà à 21 millions l. s. En novembre, quand il touche 31 millions l. s. l'escompte à 10 et 12 pour 100, elle dépassait à peine 21 millions l. s. La réserve métallique, qui, elle aussi, égalait la circulation en 1852, était tombée de 22 *millions* l. s. à 6 *millions* (555 millions de fr. à 150).

Les différences que nous venons de remarquer pour la circulation de la Banque d'Angleterre sont encore plus sensibles si nous étudions la circulation générale des trois royaumes, c'est-à-dire de la Banque d'Angleterre et d'Irlande, des banques d'Écosse, des banques particulières et des joint stock banks.

De 30 millions l. s. en 1848 et 1849, la circulation générale des billets s'élève à 41 millions l. s. en 1853 (1 milliard fr.), somme inférieure de 1 million au maximum déjà observé en 1845, puis va, diminuant d'année en année, jusqu'à 37 millions, en 1857 (927 millions de fr.), au moment de la suspension des payements.

Le mouvement de bascule porte donc sur les escomptes

et sur la réserve métallique. L'émission des billets, une fois la circulation saturée, présente des écarts beaucoup moindre. C'est la partie la plus stable de tous les articles des bilans des banques, et c'est elle qu'on voudrait rendre la plus mobile. Inutile d'insister sur la valeur d'une pareille proposition.

Période de 1858-1862 en France.

Dans cette dernière période (1858-1862), de 531 millions, minimum de la circulation fin décembre 1857, elle se relève de suite à 690 millions en 1858, dépassant tout à coup le maximum de la période antérieure (685 millions en 1853), s'élève à 754, et enfin 787 millions en 1859, et, en 1860, 801 millions; c'est le chiffre le plus élevé. Nous ne pouvons plus faire la distinction entre Paris et les succursales, les publications officielles n'indiquant plus la division.

La réserve métallique avait aussi dépassé le maximum antérieur, mais dans des proportions beaucoup plus faibles. De 622 millions à 644 millions (1851-1859), la différence ne s'élevait pas au-dessus de 22 millions, tandis que, pour les billets, elle est de 118 millions.

Les importations si abondantes d'or et d'argent n'ont pas suffi encore aux besoins des échanges. La circulation des billets a pu se développer à côté; mais, dès que les embarras se manifestent, la réserve métallique s'écoule. Elle est déjà tombée de 644 millions à 284, novembre 1861, tandis que la circulation, de 787 millions (1860), varie de 778 à 715 de janvier à juin 1861, remonte à 766 en octobre, quand la Banque porte l'escompte à 5 pour 100, et est déjà réduite à 728 et 715 millions en novembre et décembre, pendant que les demandes de remboursement font rentrer les billets en échange du numéraire, qui baisse toujours.

Des comptes courants.

En France, le maximum des comptes courants s'observe dans les années qui suivent les liquidations, par suite du défaut d'emploi des capitaux qui ne sont pas demandés, et à la veille des crises, souvent dans l'année même qui les précède, par suite de la crainte, de l'inquiétude, qui empêchent les capitaux demandés de s'engager.

VARIATIONS DES COMPTES COURANTS DIVERS.

(Tout en millions de francs.)

1799 à 1804.	1805 à 1810.	1810 à 1814.	1814 à 1818.	1818 à 1826.	1826 à 1830	1830 à 1837.	1837 à 1840.	1840 à 1847.	1847 à 1857.
1	6	16	1	16	32	39	55	32	37
22	60	57	68	119	106	77	90	121	237
6	16	1	16	32	39	35	32	37	»

Le maximum a presque doublé dans chacune des trois dernières périodes :

1845	1852	1859
121	237	306

Le minimum, au moment des crises, a moins varié :

1847	1856	1861
37	93	98

Compte courant du trésor.

Le maximum des comptes courants du Trésor s'observe pendant les années prospères :

1845	1855	1860
143	257	267 millions.

Le minimum à l'époque des crises :

1847	1856	1861
40	51	57 millions.

En Angleterre, les dépôts ou comptes courants publics et privés ont suivi la même marche. De 6 millions l. s., en 1840, ils s'élèvent à 24 millions en 1846 ; à la veille de la crise, en 1847, ils sont réduits à 17 millions, et au minimum à 11.

La liquidation terminée, ils se relèvent à 22 millions en 1853, retombent à 17 au moment de la guerre d'Orient, puis, présentant de grandes oscillations, de 5 à 6 millions par an, selon leur marche ordinaire ; nous trouvons réunis, en 1857, le maximum et presque le minimum (22 millions et 14).

Des avances sur effets publics, actions et obligations des chemins de fer.

L'augmentation et la diminution des avances ne suivent pas la même marche en France et en Angleterre. Dans notre pays, nous ne retrouvons plus la continuité du mouvement ascendant ou descendant qui, pour les escomptes, la réserve métallique et la circulation, avait frappé si vivement notre attention, tandis que, en Angleterre, le chiffre maximum se trouve bien amené par une succession pour ainsi dire non interrompue, et coïncide avec celui des escomptes pendant les crises.

Ainsi le total annuel des avances, de 13 millions l. s. en 1845 s'élève à 21 en 1847 (crise), retombe à 2 millions en 1848; puis, sauf un temps d'arrêt en 1851 et 1852, quelques besoins extraordinaires à satisfaire en 1853, atteint 29 millions en 1856 et 30 en 1857 (750 millions de fr.).

L'exagération de la somme des avances au moment des embarras, leur dépression ou plutôt leur suppression presque complète pendant les liquidations, tout indique combien elles sont liées ici au mouvement commercial.

En France, au contraire, nous observons des oscillations brusques, sans aucun lien entre elles, mais déterminées par un besoin spécial facile à reconnaître. Les demandes d'avances sur effets publics ou sur actions et obligations des chemins de fer n'auront donc pas les mêmes causes, le même but; aussi jamais les *maxima* et les *minima* ne se rencontreront aux mêmes époques.

Les avances aux particuliers sur dépôt d'effets publics sont surtout considérables au moment de l'émission des emprunts.

En 1818, la Banque avance 100 millions pour l'emprunt de 14 millions; 39 millions, en 1823, pour l'emprunt de la guerre d'Espagne; 28 millions en 1845; 306 millions l'année de la conversion du 5 pour 100

(1852)[1]; 215 millions en 1855, 511 millions en 1856, emprunts pour la guerre d'Orient.

En 1857, malgré les besoins généraux, mais en dehors d'une demande spéciale, le total des avances Paris et succursales ne dépasse pas 168 millions.

L'emprunt de 500 millions pour la guerre d'Italie, ouvert après la demi-liquidation de la crise à un moment où beaucoup de capitaux étaient disponibles, et à un taux inférieur à tous les précédents (60 fr. 50 c., en 3 pour 100), ne détermina presque aucune demande à la Banque. Le total annuel des avances s'éleva à peine au-dessus de 200 millions. Dans les moments de gêne, on n'a donc pas recours, comme en Angleterre, aux avances sur dépôt d'effets publics.

Les avances sur actions et obligations des chemins de fer s'observent dans les années où on imprime une grande activité aux travaux en 1853 et 1855. Les deux maximum, s'élevant à 521 et 432 millions de francs, avaient fléchi, dès l'année suivante, de 200 millions environ à 346 et 308 millions (1854-1856).

En 1857, on ne demande que 172 millions à la Banque ; nous retrouvons presque la même somme pour les avances sur effets publics (168 millions). Le commerce, malgré ses embarras, ne paraît pas chercher à utiliser cette ressource ; le papier escompté lui suffit.

En 1854, 1859, 1861, les avances reprennent quelque activité, par suite de l'émission des obligations des che-

[1] La conversion de 1852 élève pour Paris seulement de 17 millions en janvier à 141 en mars et 157 en mai le montant des avances sur effets publics.

mins de fer faites par la Banque pour le compte des compagnies, et des sommes mises à la disposition des sociétés et du public, avant et après la souscription ; néanmoins le maximum, en 1859, ne dépasse pas 451 millions.

Voici, depuis 1848, d'après les comptes rendus mensuels de la Banque, le tableau des maxima et minima des avances.

Années	Sur effets publics.		Sur actions et obligations de chemins de fer.	
	Maximum.	Minimum.	Maximum.	Minimum.
1848.	42	15	»	»
1849.	34	21	»	»
1850.	22	11	»	»
1851.	11	10	»	»
1852.	94	17	70	4
1853.	76	45	94	61
1854.	42	25	84	49
1855.	61	32	115	55
1856.	116	33	63	25
1857.	30	24	32	17
1858.	62	31	84	49
1859.	56	38	153	80
1860.	43	38	122	77
1861.	38	24	75	45
1862.				

Les maxima et les minima mensuels, sans offrir rien de régulier, représentent parfaitement les variations du total annuel des avances. Les maxima s'observent dans les années prospères, les minima au moment de la crise en 1857 ; leur marche est donc tout à fait différente de celle des escomptes. Notons seulement que, quand la Banque, en 1859 et 1860, fit des avances sur dépôt d'obligations aux compagnies de chemins de fer, le maximum mensuel dépassa celui de toutes les périodes antérieures, quoique le total annuel fût inférieur. La demande fut considérable à un moment donné, mais ne se renouvela pas, ce qui était le contraire en 1853 et 1855.

Bons de monnaie.

L'escompte des bons de monnaie, insignifiant jusqu'en ces derniers temps, prend des proportions considérables depuis 1849 et l'exploitation des gisements aurifères de l'Australie et de la Californie; il s'élève jusqu'à 285 millions en 1854, et 381 millions en 1858.

CONCLUSION

Si nous ne nous trompons, les faits qui précèdent nous paraissent avoir suffisamment établi les résultats suivants :

1° Le total annuel des escomptes, après s'être élevé pendant un certain nombre d'années, au milieu d'une prospérité générale, à un chiffre *cinq* ou *six fois supérieur* à celui du point de départ de la période, diminue brusquement pour reprendre, après la liquidation forcée qui s'opère alors, un nouvel et non moins vif essor.

2° La réserve métallique, après avoir diminué graduellement pendant la même période, descend, dans la dernière année, au tiers ou au quart du chiffre du point de départ; *c'est à ce moment qu'une crise éclate.*

3° Dans le cours de la liquidation qui suit cette crise, d'une part, la somme des escomptes se réduit à un chiffre quelquefois insignifiant (France, en 1849); de l'autre, la réserve métallique, par suite du ralentissement des échanges, s'élève avec une rapidité telle que, en deux ou trois années, elle atteint et dépasse même la circulation des billets. (France, en 1851.)

4° Mais, ce terme une fois atteint, il se produit un mouvement en sens contraire. Les transactions reprennent, les escomptes s'accroissent, l'encaisse recommence à décroître, et cette double force en sens inverse continue à agir jusqu'à ce qu'une nouvelle crise l'arrête.

On peut donc, à la seule inspection du chiffre des escomptes et de l'encaisse pendant cinq ou six années, se rendre compte du degré de proximité ou d'éloignement d'une crise.

A chaque période nous retrouvons la succession des mêmes accidents : augmentation rapide du portefeuille, diminution de la réserve, épuisement des caisses de la Banque.

Ainsi, en 1804, en 1815, en 1847, en 1855, en 1857, les mesures défensives, l'élévation du taux de l'escompte, la diminution de sa durée, la limitation des remboursements, leur suspension même, ne sont prises qu'au moment où la crise, arrivée à son apogée, était sur le point de s'arrêter et de décroître ; cela est si vrai, que l'argent rentre de suite, ce qui n'aurait pas lieu si les mêmes besoins se faisaient sentir. Car on comprend que ces restrictions s'opposent à la sortie du numéraire ; mais, qu'elles le fassent rentrer si la demande reste la même, c'est ce que l'on saisit moins.

Néanmoins, dans toutes ces circonstances, la Banque ne peut tenir une autre ligne de conduite. Si elle apporte quelques obstacles au commerce au milieu de la crise, elle n'en est pas la cause; ce n'est pas à elle qu'il faut s'en prendre, mais aux écarts de la spéculation.

Ce n'est pas l'élévation du taux de l'intérêt, ni la diminution de la durée de l'escompte qui peuvent apporter une perturbation sensible aux affaires, si déjà elles n'étaient embarrassées d'ailleurs, une preuve du peu d'influence de ces mesures, c'est que jamais le portefeuille de la Banque n'est aussi rempli que dans ces moments.

La Banque, en le faisant payer plus cher, ne refuse donc jamais son concours au commerce.

Il est vrai que, si la Banque n'avait pas plus de la moitié de son capital immobilisé en rentes, elle pourrait peut-être retarder ces mesures restrictives. Elle ne diminuerait cependant qu'en partie, par suite de la perte de ses revenus, les dépenses résultant de l'achat des lingots d'or et d'argent, des piastres, des vieilles pièces, etc. Elle n'aurait pas besoin de vendre deux millions de rentes à l'empereur de Russie; mesures énergiques qui n'empêchent pas l'argent de s'échapper des caves de la Banque, à peine y était-il entré. Ce déplacement continuel ne pouvait cesser que par la suspension des payements ou par la cessation des causes qui le déterminaient. Le censeur remarquait déjà, en 1806, que le numéraire ne s'est remis à son niveau que du moment où ont cessé les efforts pour presser sa marche. L'extraction inconsidérée de ce qui est nécessaire sur une place, y causant des vides, rehausse le cours de l'intérêt et ne fait qu'exciter davantage à y revenir les mêmes espèces qui s'en éloignent. De là ce régime vicieux du port et du rapport en tous sens, uniquement profitable aux entreprises de voitures publiques.

Les capitaux que l'on tire des départements ou de l'étranger y retournent bientôt, pompés par eux, et, étant toujours en diligence, manquent également à la périphérie et au centre.

A toutes ces époques, la Banque a toujours livré à la circulation une somme bien supérieure à son capital, en acceptant les sacrifices passagers que la position lui imposait, et que l'intérêt de ce capital immobilisé en rente compensait et au delà dans les années prospères. Son capital même toujours disponible, ce qui serait conforme à son institution, ne préserverait pas l'encaisse dans les moments difficiles.

En 1806, comme de nos jours, on a pensé, en augmentant le capital de la Banque, pouvoir détourner les crises; il fut donc porté de 45 millions à 90, que la Banque, ne sachant comment utiliser, place en rentes et en avances au Trésor sur obligations des receveurs généraux, jusqu'à concurrence de 40 millions. Un pareil capital, en supposant qu'on le conservât toujours disponible, ne pouvait être de quelque utilité qu'aux époques de crises; le service des intérêts devenait une lourde charge dans les années prospères. Aussi le conseil d'administration en réclame toujours, jusqu'en 1818, la réduction de 90 millions à 45; et, comme le ministre ne prend aucune décision, après en avoir déjà immobilisé une partie en rentes, il rachète par anticipation les actions et en réduit le nombre à 67,000, seul moyen de prévenir un déficit habituel.

En temps ordinaire, le capital de la Banque est plus que suffisant, on peut même dire inutile, les comptes courants divers et du Trésor en tiennent lieu ; en temps de crise ils diminuent, le numéraire surtout disparaît. C'est alors seulement dans ce cas, une année sur huit environ, que le capital en écus serait utile ; pour y suppléer, elle achète à grands frais les espèces métalliques qui lui font défaut, elle remplit ses caisses d'une somme bien supérieure au capital qu'on pourrait lui assigner; c'est une perte que les heureuses années compensent et dont le développement exagéré de l'escompte la couvre dans l'année même.

En 1855, 1856 et 1857, elle a déjà payé en primes, pour achat de métaux, 15 millions de francs, ce qui doit représenter une somme bien supérieure à son capital.

Le compte rendu des opérations de la Banque en 1858 nous apprend, en effet, la distribution des achats de lingots depuis le 11 juillet 1855.

	Lingots achetés.	Primes payées.
2e semestre 1855.. . .	254,000,000	3,920,600
1er et 2e semestres 1856.	559,000,000	7,294,400
En 1857.	564,000,000	4,678,100
TOTAL.	1,377,000,000	15,893,100

Ce qui représente une somme de 1,377 millions, le capital de la Banque n'étant que de 91 millions.

Si, aux époques de crises, on observe toujours la succession constante des mêmes accidents, ainsi que l'effroi qui s'empare de l'opinion publique ; aux époques de prospérité qui succèdent, on est frappé de l'élan, de l'entrain sans pareil qui se manifestent, de la confiance sans bornes dans l'avenir, qu'on se représente sous les couleurs les plus brillantes. De même qu'on ne voyait pas de limite à la baisse, on n'en voit pas non plus à la hausse; l'engouement, la frénésie du public pour toutes les valeurs est sans mesure, on se les arrache. Celles qui sont sur le marché ne suffisant pas, on en crée d'autres pour satisfaire une demande insatiable. Toutes les affaires qu'invente la spéculation sont bonnes, toutes sont cotées avec prime; on escompte l'avenir, qui, pour la plupart, ne doit pas exister. Les premiers versements sont minimes, on recule les autres autant que possibles; quand les échéances arrivent, elles précipitent la crise.

Tandis que les embarras commerciaux sont assez courts, une année ou deux au plus, les époques prospères présentent une succession continue de plusieurs années, six à sept en moyenne. Pendant cette période tout augmente, la progression est générale pour tous les revenus. L'argent, très-abondant, s'offre à vil prix sur le marché, l'intérêt baisse au-dessous de 3 pour 100; on répond de suite aux demandes de fonds; les souscriptions ouvertes sont de beaucoup dépassées, il faut les réduire; et tout cela, quels que soient les événements qui viennent se jeter à la traverse. Dans ce moment, une grande guerre ne saurait arrêter le mouvement; les ressources sont telles qu'elles suffisent à tout, même aux plus énormes emprunts; les fonds publics peuvent en être affectés, le mouvement commercial ne se ralentit pas, se prolonge encore, jusqu'à ce que le portefeuille de la Banque soit engorgé par des escomptes supérieurs à ceux de la dernière crise. Ce fait seul, qui précède toutes les mesures restrictives, indique assez le besoin, les embarras du commerce, qui ne peut continuer ses opérations sans lui faire de plus grands emprunts. Alors l'échafaudage si brillant du crédit s'écroule; les primes ont disparu, toutes les valeurs offertes ne trouvant plus d'acheteurs; il faut se liquider et abandonner ses rêves, réalisant une perte, là où une année plus tôt on comptait une fortune.

La succession plusieurs fois répétée de tous ces accidents peut se constater depuis le commencement de ce siècle, et a toujours existé pour quiconque étudie l'histoire avec quelque attention.

En examinant les principaux articles des bilans des banques de France et d'Angleterre, on aura été frappé de la régularité, de la concordance pour ainsi dire parfaite que l'on remarque entre eux, malgré l'indépendance complète des deux administrations qui les dirigent, et les règles différentes auxquelles elles sont soumises. Quelle que soit leur constitution et avec les limites souvent restreintes dans lesquelles l'une d'elles, la Banque d'Angleterre, doit se mouvoir, nous retrouvons les mêmes oscillations, et leur retour périodique amenant successivement la fortune et la ruine de l'industrie et du commerce.

Ce que l'on doit surtout signaler, c'est que dans l'année qui précède la crise, sauf l'augmentation constante des escomptes de la Banque et le haut prix des céréales, rien ne l'annonce, les transactions sont plus actives que jamais, l'argent très-abondant et les recettes magnifiques. Dans un pareil moment, oser en prononcer le mot, c'est vouloir passer pour un fou ou un esprit chagrin; pour tout homme clairvoyant, elle n'en est pas moins imminente.

Voulons-nous des preuves à l'appui de ce qui précède, jetons un coup d'œil sur la première moitié de ce siècle.

Le 17 octobre 1806, la première crise vient de finir, la Banque réduit l'escompte de 6 pour 100 à 5 pour 100, le 5 août 1807, elle l'abaisse à 4 pour 100.

En 1807, malgré la guerre générale, l'empressement du public fut tel pour souscrire au doublement du capital de la Banque, que les souscriptions ont dépassé de 15,000 la somme demandée.

En 1818, après plusieurs emprunts s'élevant en trois ans (depuis 1815) à plus de 40 millions de rentes, le ministre ouvre une souscription publique pour un nouvel emprunt de 14 millions de rentes, et le concours de la population fut tel que la souscription, au lieu de 14 millions, s'éleva à 123! Ce fait n'est pas unique; en Belgique, une souscription publique de 30 *millions* en produisit 681!

La Banque, qui avait reporté le taux de l'escompte à 5 pour 100 en 1815, le maintient jusqu'à 1818; mais, la crise passée, dès 1819, elle l'abaisse à 4 pour 100, sans aucun changement, jusqu'en 1847.

Dans les belles années de 1820 à 1825, le développement de la prospérité du pays va toujours croissant. La guerre d'Espagne, malgré un emprunt de 23 millions de rentes, ne ralentit pas le mouvement des affaires, l'abondance de l'argent est telle, le crédit si bien établi, que le cours du 5 pour 100 s'élevant à 106 fr. 25 c., M. de

Villèle, avec le tact d'un grand ministre, en propose la conversion volontaire en 3 pour 100, au cours de 75 fr., ce qui fut accepté pour 24 millions de rentes, et fait voter le milliard d'indemnité aux émigrés.

Un an après la crise éclatait. Dès 1829, le mouvement des affaires reprenait; le retour abondant de l'argent engageait la Banque à discuter si elle n'abaisserait pas l'escompte à 3 pour 100. La crise de 1830 éloigne jusqu'en 1852 la réalisation de ce projet.

En 1834, 1835, 1836, tout le monde se rappelle les écarts de la spéculation, le développement des affaires, à peine retardé un instant par la crise américaine de 1836. On se relève jusqu'en 1839; la question d'Orient, en 1840, vient donner quelques doutes, éveiller quelques inquiétudes pour l'avenir; on se modère, mais, en 1842, le mouvement reprend sa marche.

Si l'escompte de 1843 et de 1844 se trouve réduit, cela tient à la concurrence de grandes maisons de banque et au développement des affaires des succursales et des banques départementales.

Alors apparaissent les diverses compagnies de chemin de fer. On souscrit avec fureur. Le chemin de fer du Nord est coté avec une prime énorme, le jour même de son adjudication. Les emprunts s'enlèvent à des taux très-élevés : témoin celui de 1844, adjugé en 3 pour 100 à M. de Rotschild, au cours de 84 fr. 75 c. On ne voit plus de limites au progrès; puis, dès l'année 1846, le retour périodique des versements, la cherté du froment pompent le numéraire sur la place. Avant la fin de l'année, la gêne, les embarras se manifestent; en janvier

1847, la Banque, pour la première fois depuis 1818, élève l'escompte à 5 pour 100; la crise est complète.

Après la grande liquidation de 1848, l'escompte semestriel descend à 125 millions (2e semestre de 1849), mais de suite il se relève sans que rien, dans la situation, fût changé, et atteint 210 millions dans le second semestre de 1850. Il suffit au commerce d'une ou deux années d'espérance pour reprendre son élan ; l'échéance redoutée de mai 1851 ralentit les affaires, qui se maintiennent cependant encore.

Depuis le 2 décembre 1851, leur développement est continu jusqu'en 1853, où la guerre d'Orient cause une légère hésitation ; mais le mouvement reprend bien vite le dessus et nous amène à la crise de novembre 1857.

De 1852 à 1854, on observe le même entrain pour les souscriptions qu'aux époques antérieures. Les sociétés, les compagnies à peine constituées, on s'arrache les actions, tout réussit, toutes les valeurs montent, sans que l'on ose fixer un terme. En présence de ce tourbillon ascendant, la passion du jeu s'empare de toutes les imaginations; les dépenses de la guerre obligent le gouvernement d'avoir recours à des emprunts : il renouvelle l'expérience de 1818.

Une première souscription publique de 250 millions donna 467 millions, deux fois la somme (mars 1854).

Une seconde de 500 millions s'éleva à 2,175 millions, quatre fois la somme (janvier 1855).

La troisième enfin, de 750 millions, atteignit 3,562 millions, cinq fois la somme (juillet 1855).

Le nombre des souscripteurs allait, lui aussi, toujours croissant.

1er Emprunt.	98,000 souscripteurs.
2e Emprunt.	177,000 —
3e Emprunt.	316,000 —

Malgré tout ce qu'un pareil résultat paraît avoir de merveilleux, il ne peut faire oublier l'empressement du public : 1° En Angleterre, où un emprunt de 450 millions, ouvert par Pitt en 1796, fut entièrement souscrit en quinze heures; 2° en France, en 1818, et en Belgique, après 1830, où deux emprunts, émis par souscription publique, produisirent l'un huit fois, l'autre vingt fois la somme.

A la fin de 1855, la crise commençait; l'acceptation par la Russie des propositions de paix (janvier 1856) redonne un dernier élan aux affaires pendant six mois; mais, dans le second semestre, les embarras reparaissent, l'argent devient rare, le numéraire disparaît. La Banque, qui, à la signature de la paix, avait abaissé l'escompte à 5 pour 100, le relève à 6 pour 100 (septembre 1856); la crise, un moment interrompue, suit son cours. Elle éclate en 1857, une demi-liquidation a lieu en 1858, puis tout repart jusqu'aux nouveaux embarras de 1861-1862.

Ce qui a manqué jusqu'ici, c'est une liquidation sérieuse pour éliminer du marché toutes les maisons imprudentes ayant embrassé au delà de leurs forces; les plus sages, les plus dignes de crédit seront à peine ébranlées, et permettre une reprise naturelle des affaires comme en 1853. Il est vrai que la liquidation de 1848 avait été radicale et terrible; mais aussi quelle activité lui a succédé! En 1857, au contraire, le mouvement fut à peine arrêté et suspendu pour un moment; ce fut une demi-liquidation comme en 1836. Les embarras de cette année n'eurent leur liquidation qu'en 1839. La première secousse, malgré l'ébranlement du commerce, n'a pas amené la suppression de toute la partie malade, et, répandant dans les relations une incertitude générale, a empêché le retour de la confiance dans l'avenir.

C'est cette liquidation qui tarde à se produire et que l'on devrait appeler de tous ses vœux : liquidation commencée en Angleterre, si on en juge par la diminution des escomptes et l'accroissement de la réserve métallique, d'autant plus nécessaire que, à l'exemple de l'État, tout le monde, les départements, les villes et les compagnies particulières se sont lancés dans des dépenses très-considérales. (Paroles de M. Fould dans son Mémoire.)

En 1858, on a passé outre avec de légères blessures, et, malgré une reprise bien marquée en 1859 et 1860, le mouvement se trouve encore enrayé. Le trop plein se manifeste, la confiance manque; les affaires ne peuvent s'engager sur une base stable que dans des prix plus modérés, qui permettent de nouveaux échanges quand la place sera débarrassée d'une imprudente spéculation.

COMMERCE

IMPORTATIONS ET EXPORTATIONS. — MOUVEMENTS DE LA POPULATION CONTRIBUTIONS DIRECTES ET INDIRECTES DETTE DU TRÉSOR. — COURS DES FONDS PUBLICS.

Dans la première partie de ce travail, nous avons étudié les mouvements des escomptes et de la réserve métallique des banques aux époques prospères et aux époques de crise; nous avons constaté les oscillations si remarquables qu'elles présentent, leur développement exagéré et leur affaissement complet : il faut maintenant rechercher si, dans les autres phénomènes, manifestations de la vie des peuples, tels que les transactions commerciales, le mouvement de la population, mariages, naissances, décès, du revenu public, des contributions directes et indirectes, des découverts du Trésor, de la dette flottante, etc., on ne découvrirait pas une marche semblable et analogue, présentant les mêmes accroissements et les mêmes dépressions, coïncidant avec le mouvement des escomptes qui en donnent le tableau le plus fidèle.

Ce serait déjà un résultat intéressant que de montrer l'influence des crises commerciales par l'examen du développement et de la réduction des escomptes de la Banque; mais on pourrait penser qu'elles ont peu d'action sur la vie des peuples et sur les variations de l'opinion publique dans les temps difficiles et dans les années prospères, tandis que cette dernière dépend presque entièrement de l'une ou de l'autre de ces situations.

En France, aveu triste à faire, malheureusement trop confirmé par nos nombreuses révolutions, on a un attachement très-peu chevaleresque pour le pouvoir. On l'appuie et on l'applaudit tant qu'il fait nos affaires, ou peut-être mieux, tant qu'il nous les laisse faire; du moment où, par notre faute le plus souvent, elles deviennent difficiles et embarrassées, nous lui retirons notre confiance. Après nous être mis dans une fausse position, nous sommons le pouvoir d'aviser, ou bien, nous agitant sur notre lit de douleur, nous réclamons de lui des réformes quelquefois ridicules, toujours regardées comme des panacées à tous nos maux, et qui ne sont qu'un prétexte pour manifester notre mécontentement. De cette funeste et périlleuse habitude de lui attribuer tout le bien dans les années prospères, il résulte, par un effet contraire, qu'on le charge et qu'on l'accuse de tout le mal dans les moments de crise. De là ce va-et-vient de l'opinion publique en France, qui tantôt élève une dynastie, tantôt la renverse. Elle ne serait pas longue, si l'on voulait la dresser, la liste des gouvernements qui, depuis plus demi-siècle, ont résisté à l'adversité et aux crises commerciales intenses.

C'est ce dont on pourra s'assurer en jetant les yeux sur les deux tableaux qui accompagnent ce travail. Les différences maxima et minima, quoique moins sensibles que pour les escomptes, n'en sont pas moins très-marquées.

Des importations et des exportations. — Commerce spécial de la France.

Nous ne possédons un relevé officiel que depuis 1815. De cette époque à nos jours, elles ont suivi un développement assez régulier, non sans réactions sensibles.

De 1815 à 1818, les importations s'élèvent de 199 millions à 335; baissent à 294 en 1819; se relèvent à 436 millions en 1826; fléchissent à 414 en 1827, mais reprennent de suite jusqu'à 489 millions en 1830; s'affaissent de plus de 100 millions en 1831, à 374; puis, sauf deux années un peu plus faibles (1833-1839), atteignent d'un mouvement presque continu 955 millions en 1847.

IMPORTATIONS.

Années.	Minimum.	Années.	Maximum.
1815. . . .	199,000,000	1818. . .	335,000,000
1819. . . .	294,000,000	1826. . .	436,000,000
1827. . . .	414,000,000	1830. . .	489,000,000
1831. . . .	374,000,000	1847. . .	955,000,000
1848. . . .	479,000,000	1856. . .	1,989,000,000
1858. . . .	1,562,000,000	1860. . .	1,897,000,000

La crise et la révolution de 1848 comme celle de 1830

TABLEAU DU COMMERCE DES PRINCIPAUX PRODUITS.

(Tout en millions de francs.)

ANNÉES	1° IMPORTATIONS. COMMERCE SPÉCIAL. Céréales.	Coton.	Laine.	Soie.	Houille.	Café.	Sucre des colonies.	Sucre étranger.	Or.	Argent.	TOTAL valeur officielle.	TOTAL valeur actuelle.	Banque de France. Escomptes.	2° EXPORTATIONS. COMMERCE SPÉCIAL. Céréales.	Tissus de coton.	Tissus de laine.	Tissus de soie.	Peaux ouvrées.	Sucre raffiné.	Vins.	Eaux-de-vie.	Or.	Argent.	TOTAL valeur officielle.	TOTAL valeur actuelle.
1815[1]. . .			5	14	3	5	10	3			199		203	10	7	38	129	4		45	12			432	
1816. . . .	14	19									242				21	67								547	
1817. . . .	71			26			23				332									10				464	
1818. . . .	42	30	25	24	4	8	22	3			335		615		16	44	147	7		34	7			502	
1819. . . .				24	3	7	24	3			294		253		19	40	112	11		37	18			460	
1820. . . .			9	29			30	4			335			1	28		139			47	20			543	
1821. . . .		41		22							385								1		12			450	
1822. . . .			24				34				368							7	2	33				437	
1823. . . .											317						92							427	
1824. . . .			9			11	37				407										26			505	
1825. . . .						10					409			1	42		122	14		44				543	
1826. . . .		56	10	39	6	9	43	1			436		688		37	29	91		3	42	15			461	
1827. . . .			11		8	10	36				414				46	26	115	12	4	41	22			506	
1828. . . .	24	49	13	25							453		407	1						48	32			511	
1829. . . .	35	57	9	45			45				483			1		30								504	
1830. . . .	42		12		9		43				489		617		55	26	111	13	10	30	15			452	
1831. . . .	23	49	5	26	8	8	50				374			2	54	27	119	13		27	11			455	
1832. . . .	94						51				505		150				106		20		20			507	
1833. . . .			19								491				56		138	17						559	
1834. . . .				54			43	2			503						111		3	49	13			510	
1835. . . .			34					1			520						142			46				577	
1836. . . .	3	78	31	41	14	10	41	0			564		760		65	49	139	20	8	47	16			629	
1837. . . .		76	19	50	16	11	41	1			509			6	65	43	90	14	5	43	14			514	
1838. . . .		80	34	61	17	11	43	1			656			10	80	64				51	16			659	
1839. . . .	24	71	31	49	17	11	45	0			650		1.047	17	85	69	140	21	8	45	12			677	
1840. . . .	47	94	30	53	18	13	49	3			747			4	108	61	141	16	4	49	16			695	
1841. . . .	5	98	45	75	22	12	47	6			804		985	16	104	64	162	21	9	54	16			760	
1842. . . .	13	101	41	47	23	14	49	4			846			18	74	63	112		6	48	13			644	
1843. . . .	42	107	38	60	22	13	50	4			845			5	82	79	129		8	47	13			687	
1844. . . .	10	104	48	61	24	14	54	5			867			6	108	104	143	25	8	51	11			790	
1845. . . .	15	108	49	64	30	14	57	5			856			13	127	104	140		17	54	10			848	
1846. . . .	99	114	36	77	29	15	49	7			920			6	139	108	146		10	45	9			852	
1847. . . .	209	80	30	76	32	15	55	4	20	137	975	965	1.327	4	154	100	165	28	15	55	16	33	84	891	719
1848. . . .	28	80	13	38	27	13	30	5	43	133	550	474	256	38	131	110	139	24	7	54	20	5	18	833	690
1849. . . .	0	114	40	97	31	16	41	0	11	290	779	724		55	147	130	180	30	10	66	27	5	46	1.022	937
1850. . . .		105	47	97	56	13	32	12	60	154		790		74	139	126	208		17	70	22	43	81		1.068
1851. . . .		103	34	92	37	16	30	12	115	177		765		95	165	132	204		17	79	29	30	100		1.158
1852. . . .	5	127	64	135	38	18	41	14	58	179		989		59	150	128	226		18	84	27	41	182		1.256
1853. . . .	96	133	48	153	42	17	42	14	318	111		1.196		29	164	145	288	45	21	76	23	29	228		1.541
1854. . . .	114	127	48	129	46	19	52	17	480	99		1.291		4	154	153	257	41	29	60	14	63	263		1.413
1855. . . .	75	155	68	153	57	25	59	27	380	119		1.594		2	106	171	307		38	54	12	161	317		1.557
1856. . . .	180	149	77	178	58	20	60	14	464	119		1.989		4	186	103	337	55	42	59	16	89	393		1.893
1857. . . .	86	129	75	119	63	24	56	23	568	97	1.450	1.872	2.085	6	180	190	311	61	40	55	14	152	458	1.640	1.865
1858. . . .	46	139	72	185	68	24	75	17	553	160	1.383	1.562		127	189	158	315	51	67	64	17	76	174	1.777	1.887
1859. . . .	36	143	79	157	69	26	61	26	726	210		1.640	1.414	150	179	179	396	64	63	94	26	237	381		2.266
1860. . . .	16	219	103	174	73	29	74	21	470	130		1.897		96	199	225	395	72	60	90	14	168	287		2.277
1861. . . .									244	172			2.122									273	235		1.907

[1] On ne possède les relevés que depuis 1815.

les fait descendre à 556 millions (474 valeur actuelle), mais elles se relèvent de suite jusqu'à 1,196 en 1853, 1,594 en 1855, et enfin 1,989 millions en 1856. En 1857, le mouvement est arrêté, elles ne dépassent pas 1,872 millions; puis, en 1858, pendant la demi-liquidation, retombent à 1,562. Différence en moins, 427 millions. En 1859, elles se sont déjà relevées à 1,640 millions, 1,897 en 1860, et enfin, si nous pouvons en juger par les publications mensuelles, à un chiffre encore supérieur en 1861.

Comme pour les escomptes, le total des importations est toujours sensiblement supérieur à l'année précédente, jusqu'au moment où, l'engorgement arrivé à son comble, la crise éclate. La dépression que l'on observe pendant les liquidations est toujours sensible, et d'autant plus profonde qu'elles sont plus complètes. En 1848 et 1858, la diminution des importations est pour ainsi dire la même, de 400 millions de francs (481 millions en 1847, 427 en 1858); mais, dans la première année, la réduction est de moitié, dans la seconde elle est à peine du quart, et par suite insuffisante.

Des exportations.

Les exportations présentent, comme les importations, une marche toujours croissante, mais elles sont beaucoup moins sensibles aux perturbations commerciales, et cela se comprend : le malaise intérieur suspend les affaires, avilit la valeur des marchandises, qui vont s'offrir à vil prix sur les marchés étrangers, pour faire disparaître le trop-plein qui s'est formé à l'aide des facilités du crédit sous toutes les formes.

Elles ont été beaucoup moins ébranlées par la crise de 1847 et la révolution de 1848 que les importations, dont la diminution indique beaucoup mieux les *souffrances intérieures.*

De 506 millions en 1827, elles s'abaissent à 452 en 1830, puis se relèvent, et, comme les importations, suivent une progression continue jusqu'en 1847, où leur valeur atteint le chiffre de 891 millions (719 millions valeur actuelle). Il n'y a que deux points d'arrêt, en 1836, au moment de la crise américaine, de 629 millions elles retombent à 514 en 1837, remontent jusqu'à 760 en 1841, s'affaissent encore un peu en 1842 et 1843, pendant que les importations augmentent toujours, et ne reprennent leur marche ascendante qu'en 1844 jusqu'en 1847. La crise de 1848 leur imprime à peine une légère dépression de 719 à 690 millions, elles baissent seulement de 29 millions, tandis que les importations sont diminuées de 481 millions!

EXPORTATIONS.

Années.	Maximum.	Années.	Minimum.
1827.	506,000,000	1830.	452,000,000
1836.	629,000,000	1837.	515,000,000
1841.	760,000,000	1842.	644,000,000
1847, valeur actuelle.	719,000,000	1848.	690,000,000
1856.	1,893,000,000	1857.	1,865,000,000
1860.	2,277,000,000		

Depuis 1848, elles se sont beaucoup plus développées que les importations; jusqu'à 1,541 millions en 1853, au moment de la guerre d'Orient, elles baissent de 100 millions l'année suivante, pour atteindre 1,557 millions en 1855, 1,893 en 1856, et 2,277 en 1860.

Les abondants arrivages d'or de la Californie et de l'Australie compensent les différences sensibles que l'on observe, dans ces derniers temps, entre les importations et les exportations.

De 1827 à 1839, elles se balançaient assez exactement; mais, depuis 1840, les importations ont pris un si grand accroissement, que la proportion a été rompue. La crise de 1848 a contribué à rétablir l'équilibre; c'est à partir de cette époque que l'effet contraire se produit : les exportations l'emportent sur les importations dans ces dernières années.

Le mouvement commercial suit le développement des escomptes aux époques prospères; dans les moments de crise, les importations sont surtout très-réduites : en 1831, elles retombent de 489 millions à 374, et, en 1848, de 955 à 474; en 1857, de 1,989 à 1,562.

Cette diminution de la valeur des échanges ne saurait toutefois se comparer avec l'affaissement complet des escomptes.

Les exportations sont encore moins influencées par les crises : en 1830, elles baissent de 44 millions; en 1848, de 29 millions; en 1857, de 28 millions seulement; dans les trois cas, dès l'année suivante, elles se relèvent au-dessus du maximum antérieur.

Si le développement du mouvement commercial (importations et exportations) pris en bloc ne présente pas toujours d'une manière très-sensible des temps d'arrêt, des dépressions aussi apparentes que les escomptes, il n'en est plus de même quand on observe séparément les principaux produits qui alimentent notre grande industrie et notre consommation : les céréales, les cotons, les soies, la laine, etc.

Les documents officiels, quoique incomplets pour les années antérieures à 1827, donnent cependant, depuis 1815, un relevé approximatif que l'on pourra consulter.

Des importations et exportations des céréales et du prix moyen de l'hectolitre de froment.

Les importations des céréales et le prix moyen du blé présentent le même mouvement que les escomptes; presque nulles dans les années d'abondance, elles s'élevent, comme les prix, à des proportions énormes dans les années de disette.

CÉRÉALES.

Années.	Exportations.	Prix.	Années.	Importations.	Prix.
1815.	10 millions.	19 53	1817.	71 millions.	36 16
1839.	17 —	22 14	1830.	42 —	22 39
1842.	18 —	19 55	1832.	94 —	21 85
1845.	15 —	19 75	1840.	47 —	21 84
1851.	95 —	14 48	1847.	209 —	29 01
1858.	127 —	16 75	1854.	114 —	28 82
1859.	150 —	16 74	1855.	75 —	29 32
1860.	96 —	20 24	1856.	180 —	30 75
			1857	88 —	24 37
			1861.	—	24 55

En examinant les variations des prix, on remarque que de nos jours on retrouve encore le bas cours de 1809, 14 fr. 86 c.; 14 fr. 15 c., 1849; 14 fr. 32 c., 1850;

mais les prix de disette sont beaucoup plus modérés; de 36 fr. 16 c., ils descendent à 30 fr. 75 c. C'est un progrès que le développement de la culture et des voies de communication nous a donné et que l'on est heureux de signaler.

Le maximum des importations et des exportations ne se rencontre pas toujours dans la même année que le maximum ou le minimum des prix, comme on peut le remarquer : ainsi, en 1854, avec une importation de 114 millions, le prix moyen n'est que de 28 fr. 82 c., tandis que l'année suivante, avec une importation de 75 millions, il s'élève à 29 fr. 32 c.

Le déficit de la récolte, assez bien représenté par le chiffre des importations, ne produit pas non plus la même influence sur les prix. Ainsi, en 1847, un déficit de 209 millions amène le prix de 29 fr., tandis qu'en 1854 un déficit de 114 millions seulement l'élève à 28 fr. 82 c. Il y a donc, dans l'élévation et la fixation du prix du blé, autre chose que sa rareté ou son abondance relative. Serait-il trop téméraire d'y voir aujourd'hui un effet de la dépréciation de la monnaie?

Le maximum du prix du blé précède les crises; le minimum ne se rencontre pas toujours dans les années les plus prospères, comme en 1814 et en 1849. Mais les prix sont toujours modérés dans les années heureuses; il n'y a pas d'exception. Ainsi, en France, de 1841 à 1847, le prix moyen du froment l'hectolitre s'élève de 18 fr. 54 c. à 29 fr. 01 c. Il baisse à 14 fr. 15 c. en 1849, et remonte à 30 fr. 75 c. en 1856; enfin il descend à 16 fr. 74 c. en 1859, et, à la fin de novembre 1861, le voici de nouveau coté au-dessus de 30 fr. l'hectolitre.

En Angleterre, le prix du blé s'élève de 50 schillings en 1843, à 69 en 1847, baisse à 38 en 1851 et atteint 74 en 1855. Il se maintient à 69 sh. en 1856; mais, en 1857, il se modère à 56. Le maximum avait pesé sur 1855, tandis que, en France, l'année qui précède la crise (1856) avait supporté toute la pression des hauts prix. Dès 1858, il s'abaisse à 38 sh.; mais, en novembre 1861, le voici revenu à 60 sh. Cependant nous noterons que, en Angleterre, les prix sont plus doux qu'aux époques antérieures.

De sorte que, d'après l'examen seul des escomptes et du prix des céréales sur une période de cinq ou six années, on peut se rendre compte de la proximité ou de l'éloignement d'une crise.

Importations et exportations des principaux produits de l'industrie depuis 1815.

Si le mouvement des escomptes représente assez bien, en partie au moins, les transactions commerciales en France et en Angleterre, nous devons en trouver la confirmation dans le détail des tableaux du commerce, et faire ainsi tout marcher de front et d'un pas uniforme.

Il suffira de jeter un coup d'œil sur les tableaux des douanes pour s'assurer des oscillations considérables des importations et des exportatations, coïncidant admirablement avec les crises de la Banque. Leur développement paraît irrésistible pendant un certain nombre d'années, puis tout à coup, arrivées à un chiffre bien supérieur au point de départ, tout s'arrête pour retomber quelquefois au-dessous.

Nous ne prendrons que les principaux produits, tels que les cafés, les cotons, les céréales, la fonte, les laines, etc.

Le plus souvent le maximum se montre l'année même de la crise ou dans une des années qui précèdent; le minimum s'observe aux époques de liquidation.

Pour en donner un exemple, nous prendrons les trois dernières périodes: 1840-1847, 1847-1857, 1857-1861.

Dans la première période, 1843-1847, les importations du coton en laine et des sucres étrangers présentent le maximum en 1846, les laines en 1845; mais, pour les cafés, les céréales, la fonte, la houille, les soies, les sucres des colonies, c'est en 1847, l'année même de la crise, tandis que, pour les cotons, les laines et le sucre étranger, la réaction se faisait déjà sentir.

L'augmentation, le plus souvent, est considérable:

Pour les céréales, de 3 millions. de fr. à 209
Pour les cotons, de 94 millions à 114.
Pour les laines, de 30 millions à 49.
Pour la houille, de 18 millions à 32.
Pour les soies, de 53 millions à 77.

Dans la seconde période, 1847-1857, la liquidation terminée, en 1848 et 1849, par une dépression sensible dans la plupart des produits; le développement des importations reprend son cours, sauf pour la fonte et le sucre étranger, dont le maximum s'observe, en 1855, au moment où la construction des chemins de fer est la plus active. Les autres principales marchandises arrivent à l'apogée en 1856 et 1857, avec des augmentations énormes :

Pour les cafés, de 15 millions à 24.
Pour les cotons, de 80 millions à 149.
Pour les céréales, de 0 millions à 180.
Pour la houille, de 27 millions à 63.
Pour les laines, de 13 millions à 77.
Pour les sucres, de 30 millions à 60.

Les importations d'or monnayé et en lingots, en suivant le même mouvement, appellent notre attention d'une manière toute particulière : de 11 millions, en 1849, elles s'élèvent à 480 millions en 1851 et à 568 millions en 1857.

L'entrée de l'argent, au contraire, de 290 millions, en 1849, tombe à 97 millions en 1857.

La reprise des affaires avait été telle, que, sur toutes les matières, la quantité offerte à la consommation avait doublé et triplé, dépassant, comme toujours, la demande. Un temps d'arrêt était nécessaire et inévitable; la crise de 1857 le marque clairement. Mais on ne tient pas grand compte de cet avertissement, et, après une légère dépression, tout repart pour s'élever, en 1861, à des sommes inconnues jusqu'ici.

TOTAL DES IMPORTATIONS, FIN SEPTEMBRE 1857-1861.

(Quintaux métriques.)

	1857.	1861.		1857.	1861.
Céréales. .	5,100	4,600	Laines.	303	447
Fonte. . .	762	769	Soies.	14	16
Houille. . .	31,000	36,000	Sucre (colonies). .	674	869
Café. . . .	224	280	Sucre (étranger).	383	620
Coton. . .	615	1,190			

Les importations d'or et d'argent font exception. Pendant que l'entrée de l'or de 568 millions baisse à 244 (1857-1861), l'entrée de l'argent, de 97 millions en 1857, s'élève à 210 millions en 1859, et 172 millions en 1861.

Des exportations.

Dans la première période, 1844-1847, les *maxima*, exprimés en millions de francs, valeur officielle, s'observent en 1846 et 1847, les *minima* en 1848-1849. Il en est de même dans la seconde période 1848-1857 : ce sont les premières et les dernières années qui présentent les chiffres extrêmes.

Mais si, au lieu de prendre pour base de comparaison la valeur officielle, nous prenons les quantités en quintaux métriques pour les neuf premiers mois de chaque année, nous trouvons des résultats un peu différents. Sauf quatre articles : les modes, qui, de 3,000 quintaux métriques, baissent à 1,900 (1847-1848); les sucres raffinés, de 103,000, à 40,000; les tissus de soie, de 10,300, à 5,900 ; les verres et cristaux, de 118,000, à 94,000 ; tous les autres produits suivent une progression continue jusqu'en 1855, 1856 et 1857.

Les tissus de coton doublent en poids, de 45,000 quintaux métriques à 71,200 (1846-1855), sans qu'on puisse noter un seul temps d'arrêt. Dès 1857, ils baissent à 66,000 quintaux métriques, et, pendant la liquidation de la crise, à 61,800 (1859). En 1860, ils sont revenus à un chiffre bien supérieur, 74,100; et, pour la seconde fois le mouvement est arrêté. En 1861, ils descendent à 64,200 quintaux métriques.

Les tissus de laine suivent de même une progression non interrompue de 23,100 quintaux métriques à 48,600 (1847-1857). La liquidation de 1857 les réduit à 40,300, mais, dès 1860, ils s'élèvent à 63,700 quintaux métriques, et, comme pour les cotons, le second temps d'arrêt se fait sentir en 1861, par une réduction, à 53,500 quintaux métriques, encore bien supérieure au maximum de 1857. Les tissus de coton, de laine et les vins sont les seuls principaux produits sur lesquels la crise de 1847 et la révolution de 1848 passent sans laisser de traces.

En résumé, le maximum des importations et des exportations s'observe l'*année* qui *précède* ou l'*année même* de la *crise*, le minimum pendant la *liquidation* dans les *deux années qui suivent*.

Entrepôts.

En 1861, la situation des entrepôts est un peu moins lourde qu'en 1857 et 1858; de 4,100,000 quintaux métriques, le stock a été réduit à 3,900,000. La diminution porte surtout sur les laines et les cotons, car, pour les autres produits, il y augmentation notable.

SITUATION DES ENTREPÔTS. — PRINCIPAUX PRODUITS.

(Quintaux métriques.)

	1857	1861		1857	1861		1857	1861
Cafés. .	176	165	Fonte.	153	117	Sucre (colon.)	178	363
Céréales.	168	193	Laines	49	3	Sucre (étran.)	135	282
Coton. .	184	7	Soies.	510	1,217			

A l'exception des cotons et des laines, dont nous avons remarqué le stock si considérable entré dans la consommation, et par suite de la suppression des droits sur les matières premières, ne séjournant presque plus dans les entrepôts, toutes les autres matières y sont accumulées en plus grande quantité qu'en 1857.

Des métaux précieux, or et argent.

Depuis 1850 et la découverte des mines d'or de la Californie et de l'Australie, un grand changement s'est opéré dans le commerce des métaux précieux.

IMPORTATION D'OR.

(Tout en millions de francs.)

	1847.	1848.	1849.	1850.	1851.	1852.	1853.	1854.	1855.	1856.	1857.	1858.	1859.	1860.	1861.
Or brut.	5	4	4	29	22	19	261	368	274	272	290	252	358	279	»
Or monnayé. . .	15	39	7	31	93	39	57	112	106	192	278	301	368	191	»
TOTAL. . . .	20	43	11	60	115	58	318	480	380	464	568	553	726	470	303

L'importation de l'or brut ou en lingots, de 4 millions de francs, en 1849, s'élève tout à coup à 29 millions en 1850, éprouve quelque ralentissement en 1851 et 1852, puis atteint 261 et 368 millions en 1853 et 1854. De 1855 à 1858, elle oscille de 290 à 252 millions, se relève un moment à 358 millions en 1859, somme inférieure toutefois de 10 millions à celle de 1854; puis le mouvement décroissant est rapide jusqu'en 1861.

Les importations d'or monnayé ne prennent quelque importance qu'après le payement des premières dépenses pour la guerre d'Orient. De 40 millions en moyenne, elles s'élèvent à 112 en 1854, et ne s'arrêtent qu'après avoir atteint 368 millions en 1859 ; l'année suivante, elles avaient baissé à 191.

L'exportation de l'or, au contraire, insignifiante jusqu'à ces dernières années, puisqu'elle atteignait à peine 1/5 des importations, prend, en 1860 et 1861, une importance de plus en plus grande, à tel point que, pour la première fois depuis la découverte des mines de la Californie et de l'Australie, dans la dernière année, l'exportation l'emporte de 29 millions sur l'importation (273, 244). La guerre d'Amérique, pour une bonne part, doit avoir contribué à ce résultat.

Parallèlement, les exportations d'argent brut et monayé de 1848 à 1857 ont suivi une marche toujours croissante, de 18 à 458 millions (1848-1857); l'argent monnayé y prenant une place de plus en plus grande, puisque de 18 elles s'élèvent à 306 millions. La circulation métallique en or remplace la circulation en argent. Pendant la liquidation de la crise de 1857, elles baissent tout à coup de 458 à 174 millions, se relèvent, pendant la guerre d'Italie, à 381 millions, puis continuent à baisser jusqu'à être réduites à 233 millions en 1861.

L'importation, de 290 millions en 1849, était tombée à 97 millions en 1857; à partir de ce moment, elle se relève, augmente toujours jusqu'à 210 millions en 1859, et 172 en 1861.

En 1857, la sortie de l'argent était cinq fois plus considérable que l'entrée; en 1858, la balance se trouve rétablie; en 1859 et en 1860, la sortie l'emporte encore de moitié; en 1861, les deux mouvements se rapprochent : l'exportation n'est plus que de 1/3 supérieure à l'importation.

De tout ce grand mouvement des métaux précieux il résulte que, depuis 1853, l'importation nette de l'or s'étant élevée à. . . . . . 3,171,000,000 de fr., et l'exportation de l'argent à. 1,527,000,000

1,644,000,000

la circulation métallique a été ainsi augmentée de 1,644,000,000 en or, qui s'est aussi substitué pour 1,527,000,000 de fr. à la monnaie d'argent.

L'excédant net annuel de l'importation a beaucoup varié; tandis que, de 1853 à 1854, il s'élève de 172 millions à 253, dès que commencent les payements pour la guerre d'Orient, il tombe à 21 millions en 1855, et varie de 91 à 85 millions en 1856 et 1857. Pendant la demi-liquidation de la crise, en 1858, il y a un *reflux* du *numéraire* tellement *marqué*, que l'excédant maximum s'élève à 473 millions, et 368 l'année suivante; ce sont les deux plus belles années. Nous avions déjà pu constater la même marche en 1848 et en 1849, après la crise de 1847. De 40 millions en 1847, l'excédant métallique s'élève à 253, et à 250 les deux années suivantes; mais alors l'argent en formait la base, l'or n'y entrait que pour un très-faible appoint.

En 1860, il descend à 171 millions, et, en 1861, sauf une plus-value de 10 millions, l'importation et l'exportation se balancent.

EXCÉDANT NET DE L'IMPORTATION DES MÉTAUX PRÉCIEUX.

	1847.	1848.	1849.	1850.	1851.	1852.	1853.	1854.	1855.	1856.	1857.	1858.	1859.	1860.	1861.
Millions de francs.	40	253	250	80	162	14	172	253	21	91	85	475	368	171	10

Nous ne sommes plus en présence de cette inondation de l'or qui, comme un levier puissant, après avoir conduit et entraîné le monde commercial de 1851 à 1857, avait prêté un appui si opportun pour la reprise des affaires en 1858, malgré l'ébranlement de l'année précédente. Le temps d'arrêt, si brusque, si complet, si inattendu, de son importation, a dû, pour une large part, contribuer à la réapparition de la monnaie d'argent.

Prix des marchandises.

La valeur commerciale des marchandises, les prix, en un mot, offrent des oscillations bien en rapport avec tout ce qui précède. La progression est constante et continue jusqu'au moment où la crise éclate.

Ainsi, pour les cotons et laines, les prix de 1 fr. 75 c. le kilog., en 1854, s'élèvent :

	1855.	1856.	1857.	CRISE. 1858.	1860.
A.	1f 60c	1f 75c	2f 05c 1f	1f 85c	1f 64c

De 2 fr. 05 c. en 1857, ils tombent à 1 fr. 85 c. en 1858, et, en 1860, à 1 fr. 64 c. ; nous voici revenus au point de départ.

Pour les laines, de 2 fr. 55 c., en 1856, les prix tombent à 1 fr. 10 c. en 1858.

Pour les soies gréges, de 66 fr. à 53 fr.

Pour les soies moulinées, de 87 fr. à 71 fr.

	1856.		1858.
Le prix du calicot, de.. .	4f 70c	tombe à	3f 95c
Les toiles imprimées, de.	10f 45c	—	8f 60c
Les draps, de.	28f »	—	25f »
Les tissus de soie, de.. .	151f »	—	134f »

Pour les produits des manufactures, la baisse est un peu moins grande.

Commerce, importations et exportations en Angleterre.

Nous continuerons notre comparaison par le commerce anglais, importations et exportations. Il supporte les crises avec une résistance et une fermeté presque inébranlables. La progression, toujours continue, éprouve à peine un temps d'arrêt.

Ainsi, de 1841 à 1847, le total annuel des importations s'élève de 64 millions l. s. à 90 millions l. s.; elles se développent encore à 93 millions en 1848, 105 millions en 1849. Là un court repos les abaisse à 100 millions; puis, de suite, le mouvement reprend jusqu'à 124 millions en 1854. Les premières inquiétudes de la guerre d'Orient suspendent le mouvement et les font reculer à 117 millions; mais, à peine dissipées, elles reprennent jusqu'à 136 millions en 1857. Il faut encore s'arrêter un peu pour une demi-liquidation; après la crise, en 1858, elles sont réduites à 133 millions. Ayan donné cette faible satisfaction au principe, elles repartent de nouveau pour atteindre 143 millions en 1859, 169 millions en 1860, et plus encore en 1861; car, si nous comparons les huit premiers mois des années 1859, 1860, 1861, nous trouvons la progression suivante : 88 millions, 106 millions, 114 millions, malgré les obstacles apportés par la guerre d'Amérique. Ce qui est plus extraordinaire, c'est qu'ils ne paraissent pas de nature, jusqu'ici du moins, à empêcher l'exportation du coton. Si nous comparons la quantité importée en poids dans les trois dernières années (la quantité en valeur nous induirait en erreur, puisque la crainte de manquer de matière première a fait hausser les prix), nous trouvons :

En 1859 (10 mois), coton importé. .		9,000,000 cwt.
1860,	— . .	11,100,000
1861,	— . .	10,400,000

Malgré le blocus des côtes, la part des États-Unis est toujours aussi considérable.

IMPORTATION DU COTON DES ÉTATS-UNIS.

1858.	1860.	1861 (10 mois).
7,100,000 cwt.	8,900,000 cwt.	7,300,000 cwt

La différence de 1861 sur 1860 ne serait que de 700,000 cwt. pour les dix premiers mois, et est encore supérieure de 1,500,000 fr. à l'importation régulière de 1859. Cependant, malgré un stock aussi bien garni, la hausse des prix a diminué les débouchés.

Pour l'Amérique, l'exportation des cotons a baissé de

2,700,000 l. s. en 1860, à 1,130,000 l. s. pour les neuf premiers mois.

Pour le reste du monde, pendant le mois de septembre, l'exportation, de 4,200,000 l. s., en 1860, est tombée à 2,800,000 l. s. en 1861.

Les exportations, en général, n'ont pas résisté aussi bien que les importations aux complications du moment.

Dans la première période, de 1844 à 1847, de 47 millions l. s. elles s'élèvent à 60 millions.

1842-1843. Après la fameuse réforme commerciale de Robert Peel en 1845, elles avaient fléchi à 57 millions en 1846, pour remonter à 58 millions en 1847.

La liquidation les réduit encore à 52 millions; mais, dès l'année suivante, elles rebondissent à 63 millions et s'élèvent sans arrêt jusqu'à 98 millions l. s., quand, comme pour les importations, la guerre d'Orient les modère à 95. Cet obstacle paraît leur avoir communiqué une plus vive impulsion; l'année suivante (1856), elles s'élancent à 115, et enfin 122 millions en 1857.

La liquidation de la crise les ramène à 116 millions, et le mouvement reprend encore jusqu'en 1860, où, pour l'année entière, les exportations s'élèvent à 135 millions, maximum qui se trouve réduit à 125 millions pendant la même période de 1861.

Cette diminution tient à une cause unique : la guerre d'Amérique; car, si nous comparons les exportations des années précédentes pour les États-Unis, nous trouvons :

En 1859.	1860.	1861.
22,100,000 liv.	21,000,000 liv.	8,600,000 liv.

La diminution de 12 millions l. s. sur 1860, compenserait et au delà la différence des 135 millions à 125 millions ; de sorte que, sur tous les autres points du globe, les exportations anglaises seraient encore en progrès.

EXPORTATIONS DE LA GRANDE-BRETAGNE EN FRANCE.

1859.	1860	1861.
4,700,000 liv.	5,200,000 liv.	8,800,000 liv.

En France, en particulier, l'influence du traité de commerce se fait déjà sentir.

Le calme apparent des transactions intérieures ne s'étend donc pas aux affaires extérieures, qui, sauf pour l'Amérique, présentent une activité supérieure aux années précédentes. En résumé l'année 1861 présente sur le total des exportations une diminution relative de 10 millions. Mais il faut se rappeler que l'année précédente dépassait de plus de 15 millions tous les maxima antérieurs.

MOUVEMENTS DE LA POPULATION

Les variations des mariages, des naissances et des décès, moins grandes que les mouvements des escomptes de la Banque, sont cependant assez sensibles pour que l'on reconnaisse de suite l'influence des années heureuses et malheureuses. Dans les premières, augmentation rapide des mariages et des naissances, diminution de la mortalité; dans les secondes, augmentation du nombre des décès, abaissement du chiffre des mariages et des naissances. Nous ne prétendons pas que le chiffre maximum ou minimum se rencontre avec celui des escomptes; mais, par l'époque où il se présente, la corrélation est suffisamment établie. Quant aux variations, elles sont souvent énormes, puisqu'elles peuvent s'élever à plus de 200,000 en plus ou en moins.

Les mariages, et par suite les naissances, ne suivent

pas seulement le développement de la prospérité du pays; on remarque à quelques époques une marche tout à fait contraire à celle que l'on pouvait préjuger.

Dans les temps de révolution, de bouleversements sociaux, alors que l'on peut craindre une guerre générale et un réappel d'hommes sous les drapeaux, les mariages augmentent dans d'énormes proportions; c'est ce que l'on observe :

	Mariages.
En 1804, rupture de la paix d'Amiens. . .	214,000
En 1813, appel de 300,000 hommes. . . .	387,000
En 1830, révolution.	270,000
En 1840, question d'Orient..	283,000
En 1848, république.	293,000

Ces influences réagiront sur l'ensemble de la marche des mariages et des naissances, et paraîtront y apporter quelques exceptions qu'il suffit de signaler pour expliquer. En dehors de ces influences, les mariages varient de 40 à 50,000 en plus ou en moins dans une année prospère ou de crise.

Le maximum des mariages s'observe surtout dans les années qui suivent les grandes épidémies : 275,000 après 1832, 297,000 après 1849.

Des naissances légitimes.

Le maximum et le minimum des naissances, quand l'élévation artificielle des mariages n'en rend pas compte, suit assez bien le mouvement des escomptes; elles varient de 50 à 30,000 en plus ou en moins.

Les naissances s'élèvent :

De 828,000 à 922,000 (1812-1819).
De 803,000 à 920,000 (1820-1826).
De 837,000 à 915,000 (1847-1849).
De 834,000 à 892,000 (1855-1858).

Le minimum des naissances de la dernière période est presque semblable à celui de la première, de 828,000 à 834,000. Le maximum a baissé de 922,000 à 892,000.

Les naissances n'ont donc pas suivi le même développement que les mariages, et, en effet, la fécondité de ces derniers a bien diminué. Pendant que, de 1800 à 1805, elle était de 4 enfants par union légitime, de 1840 à 1845 elle n'est plus que de 3. Après une grande guerre, une violente épidémie, un bouleversement social et les luttes sanglantes qui en sont la conséquence, toutes causes d'une énorme consommation d'hommes, la population se hâte de réparer les brèches, de remplir les vides qui se sont produits dans son sein. Les pertes comblées, elle reprend une marche plus lente en rapport avec le développement des subsistances et leur meilleure répartition, ce qui explique la différence de fécondité des mariages dans la première et seconde moitié des cinquante dernières années (de 1800 à 1826 et de 1826 à 1855).

Des décès.

Des divers éléments qui forment le mouvement de la population, les décès sont la partie la plus sensible, la plus impressionnable. Les oscillations peuvent s'élever au-dessus de 200,000 en plus ou en moins; il est vrai que, dans ces cas, il faut signaler l'influence épidémique du choléra. Mais la coïncidence de son retour après une crise, en 1832 et 1849, indique quelque rapport caché entre ces deux causes.

Les décès varient :

De 723,000 à 897,000 (1816-1803).
De 741,000 à 933,000 (1821-1832).
De 741,000 à 992,000 (1845-1854).
De 836,000 à 873,000 (1856-1858).

Ainsi le minimum paraît fixe dans les trois premières périodes, malgré l'accroissement de la population. Dans la quatrième, il a augmenté de 100,000 décès ; le maximum présente une grande augmentation dans les trois premières, mais, dans la quatrième, il fléchit aussi de 100,000. L'élévation du minimum de la dernière période compense la diminution du maximum. Il faut noter que le chiffre de 897,000 de la première période coïncide, comme pour les deux dernières, avec une année de cherté des céréales et une crise commerciale très-intense. Nous retrouvons presque le même chiffre (872,000) en 1814, l'année de l'invasion et des désastres de l'Empire. Cette grande mortalité se présente donc dans les circonstances les plus défavorables.

L'année 1847, au moment de la crise, comparée à une année prospère (1845), présente une diminution de 34,000 mariages et de 81,000 naissances, puis une augmentation de 108,000 décès, c'est-à-dire une suppression de près de *deux cent mille individus* dans le développement annuel de la population !

	Mariages.	Naissances légitimes et naturelles.	Décès.
1845......	283,000	982,000	741,000
1847......	249,000	901,000	849,000

Enfin, pour rendre ce résultat encore plus marqué, il faut chercher quel est l'accroissement de la population aux diverses époques de crise et de prospérité, et, pour se mettre à l'abri des erreurs produites par l'absence d'une partie des décès masculins sur les listes de l'état civil pendant les longues guerres de la Révolution, du Consulat et de l'Empire, observer le mouvement de la population sur l'*élément féminin seul*, les différences apparaissent alors avec une singulière clarté. Dans les années prospères, la population féminine augmente, par l'excédant des naissances sur les décès, de plus de 100,000 individus; dans les années de crise, d'épidémie, elle peut non-seulement perdre tout accroissement, rester stationnaire, mais encore diminuer. En 1854 et 1855, la diminution est de 45,000 individus, ce qui ne s'était pas encore présenté. Les années les plus funestes, 1832 et 1849 (épidémie du choléra), n'avaient atteint la population féminine que dans des proportions beaucoup plus faibles (13,000 dans le premier cas, 6,000 dans le second).

MOUVEMENTS DES REVENUS

ET DES FONDS PUBLICS

(De 1813 à 1861)

Contributions directes.

Les contributions directes, malgré de nombreux dégrèvements, ont atteint 456 millions en 1857, dépassant le maximum qu'elles présentèrent en 1839 (440 millions). C'est au moins la source de revenus la plus fixe, celle qui ne manque jamais et à laquelle, dans les révolutions, on a toujours recours quand les impositions extraordinaires sont la seule ressource.

De 320 millions en 1814, elles s'élèvent à 401 en 1817, sont réduites à 323 en 1827, pour remonter à 367 en 1831. Depuis ce moment, elles ne s'abaissent plus qu'en 1849, où elles atteignent 440 millions, contribution qui parut légère à supporter, comparée à celle de l'année précédente (1848), pendant laquelle, outre l'impôt ordinaire, s'élevant à 432 millions, on dut payer en plus

TABLEAU DU MOUVEMENT DE LA POPULATION ET DES REVENUS PUBLICS

(Tout en mille pour la population, et en millions de francs pour les revenus publics.)

Années.	Escomptes. Banque de France.	Mariages.	Naissances légitimes.	Décès.	Augmentation de la population limitée, par l'excédent des naissances.	Contributions directes. Foncière.	Personnelle et mobilière.	Portes et fenêtres.	Patentes.	Total.	Contributions indirectes. Meubles.	Immeubles.	Donations.	Success. directes.	Success. collatér.	Timbre.	Enregistrement.	Douanes. Importations.	Sucres. Indigène.	des colonies.	étranger.	Sels.	Sels hors du rayon des douanes.	Boissons.	Tabac.	Postes.	Total des contributions indirectes.	Découverts du Trésor.	Dette flottante.	Bons du Trésor.	Cours des fonds publics. 5 0/0
1799	111																														7 »
1800		198	862	761	68																										68 »
1801																															47 »
1802			875																												
1803			863	897	9																										
1804	630	214																													
1805	253																														93 40
1806[1]		209		781																											
1807																															76 25
1808																															
1809		267	880																												
1810	640			730	99																										85 60
1811		205														27	114	120				47	8	94	62	10					
1812			828		61					334																					
1813		387															102	25				35		60	51		906				45 »
1814	84	193	938	872		258	40	14	16	320							119	25							40		367				81 63
1815																		44						59	55	21	476				52 30
1816		249		723	113											26	116	56				46	5	64	62		499				80 »
1817						293	61	26	20	401								59				48		78	65	21	547				
1818	615		865		65	293	46	27	21	387														87	63	22	526				60 »
1819			922	785		279		21		308						24	106	56				52	5	90	63		564				
1820	253	209					45											70						92	64		573				
1821				741						341							112	69						90	65	24	593				95 »
1822						[illegible]										26		78													[illegible]
[illegible]																															
1827		255			60	241	40	15	26	325				7	10			95				54	8	105	66	27	623				
1828	407			837											9	28		104						106	67	30	652				
1829			806								7	70	5	8	11		143							101	66		664				110 65
1830	617	270				246	41	15	28	332						27		97				54	7	98	67	33	633				
1831					82	245	59	31		367	6	63	6	7	10	28	154	91				55	7	63	60	33	524	160	252		74 75
1832	150	242	915	935	moins 13				27	357	7			9	15		151	100				55	6	65	67	34	554		341	178	
1833			809									74		8	14	20								69	69	35	570		356		
1834				918								71	5											76	72	36	578		365		3 0/0
1835		275	949															102						77	74	37	590		381		
1836	760			747	105		53	27	32	368	8	78			16	31	162	105				54	7	84	78	39	616	311	311	44	82 30
1837	756	266	873	853	30	262	55	28	34	385		79	6	9	18	32	167	105				57	7	84	81	40	632	357	315	27	76 50
1838												85		8				111	1			54		86	85	42	653	259	217	17	
1839	1.047			771	79	265		30	38	391					15		171	104	3			56	8	87	90	44	661	277	250	15	82 »
1840		283			66	267			40	305	9	86		9		34	175	81	4	33	1			90	95	46	687	256	224	44	86 70
1841	885						57	31										86	7	43				93	97	48	719		261	42	65 25
1842			912	825							10				18			95	9	36	6	59	9	97	100	48	754	394	417	125	
1843		285											7			37	194	99	7					97	104	48	768	396	456	99	
1844									47			99		10				103	9		7	56	12	98	107	50	791	400	518	138	
1845			913	741	100				46			97		9	17	39		100	11	42		58		104	111	52	808	498	604	162	86 40
1846																		105	17	37	11	54	13	105	116	54	827	398	428	60	
1847	1.329	249	857	849	17	280	59		47	425	11	95		11	21	41	205	87	23	41	7	56		101	117	[illegible]	824	437	458	55	74 55
1848		239		856		285			48		7	57	6			30	158	60	23	22	7	51	12	90	116	52	683	580	630	284	33 »
1849	256	278	915	973	moins 6	289	62	37		440		74		10	19		170	82	24	30	14	27	6	94	117	41	708	227	318	68	
1850		297		764				36		452	9	80	8			39	185	82	31	23	17	20	4	101	122	45	747	521	539	160	
1851		286	901	799	74					412	7	74					177	80	35	20	16	21	4	104	126	44	743	508	592	165	
1852		281	895	810		260						88		15			201	96	32	25	17	27	5	112	150	46	810	551	614	127	86 75
1853		280	868	795							9	102	9	14	28	46	217	95	36	28	19	28	6	116	138	49	852	651	802	203	
1854		270	853	992	moins 45							93			27	48	210	93	31	33	23	26	6	107	145	53	852	750	754	212	61 35
1855		285	834	935	moins 45							109	10	18	51	51	240	118	30	37	35	28	6	115	152	55	958	779	881	348	76 75
1856		284	863	836	19							114		16	29	54	243	116	48	40	19	28	7	142	163	51	1.033	965	785	268	66 »
1857	2.085	295	869	858	moins 7					456	12	108		16	30	54	240	116	44	36	29	29	7	153	173	52	1.059	965	895	343	66 35
1858		307	892	875	moins 7					461	12	113		19	34	53	262	100	67	51	22	27	7	166	177	55	1.098	908	860	361	75 15
1859	1.414											106			35	55	250	111	60	43	34	28	8	174	178	56	1.101	866	847	240	60 50
1860						284	71	44	80	480	12	124	11	20	36	56	278	77	37	35	20	30	9	176	194	58	1.073	739	921	293	71 40
1861																58		68	30	27	25	26	11	198	215	61	1.009				67 70

[1] Trois mois.

l'impôt extraordinaire des 45 centimes, soit 191 millions!

Elles descendent à 412 millions en 1851, mais, dès 1855, remontent à 438, 456 en 1857 et enfin 480 en 1860.

Le maximum s'observe aux époques de crise, 1817, 1825, 1831, 1849, 1855; le minimum dans les années prospères.

La contribution foncière a peu varié: de 280 millions en 1847, elle s'est élevée à 289 en 1849, a été réduite à 260 en 1851 et 1852; puis elle a toujours augmenté jusqu'à 277 millions en 1857 et 284 en 1860, sans atteindre le maximum antérieur.

La contribution personnelle s'est élevée de 1/6, de 59 à 71 millions (1847-1860).

Les portes et fenêtres presque de 1/3, de 34 à 44 millions (1846-1860).

Mais ce sont les patentes qui présentent la plus grande augmentation. Elles ont doublé, pour ainsi dire, de 47 à 80 millions (1847-1860).

Des revenus indirects en France.

Nous terminerons cette revue, déjà bien longue, par un court examen de la richesse publique d'après les variations des revenus indirects.

Le magnifique développement de ces recettes du Trésor dans les années prospères, et même pour une d'entre elles (le tabac), pendant les crises et les perturbations les plus graves, montre bien, si c'était encore à prouver, combien les impôts indirects bien assis, qui frappent la masse des citoyens, sont productifs pour l'État.

Après l'enregistrement et les douanes, les principales sources du revenu sont les sucres, les boissons et les tabacs. Les sels, qui, avant la réduction du droit, formaient un des principaux articles, n'ont pas donné ce que quelques personnes espéraient par l'augmentation de la consommation.

De 1814 à 1818, les contributions indirectes s'élèvent de 206 millions à 547; elles baissent à 526 en 1819 (liquidation de la crise).

De 526 millions elles se relèvent à 640 en 1826, et retombent à 623 millions en 1827. Elles atteignent encore 633 millions en 1830 ; mais la crise et la révolution les précipitent à 524 millions en 1831, et ce n'est qu'en 1837 que le dernier maximum est de nouveau atteint (632 millions). A partir de ce moment, leur développement se poursuit d'une manière irrésistible jusqu'à 827 millions en 1847, augmentant ainsi en neuf années de près de 200 millions.

Si nous examinons plus particulièrement les trois dernières périodes, nous constatons que, dans la première, 1840-1847, les revenus indirects, de 687 millions, se sont élevés progressivement à 827 en 1846. L'année 1847 les voit déjà réduits à 824 millions, et, au milieu des troubles de 1848, ils tombent à 683 millions ! C'est la source du revenu qui a le plus souffert et dont la différence a dû être comblée par l'impôt des 45 centimes.

Le calme un peu rétabli, ils remontent à 708 millions en 1849, et la progression continue jusqu'à 852 millions en 1853.

Les craintes de l'extension de la guerre d'Orient paralysent l'essor du commerce; de 96 millions le revenu des douanes baisse à 93 millions. La maladie de la vigne et les hauts prix des vins, qui en sont la conséquence, font descendre l'impôt des boissons de 115 millions à 107. Ces deux causes réunies, compensées par quelques augmentations, le revenu total reste stationnaire.

Dès que la guerre paraît se restreindre, se limiter, tout reprend son cours. L'augmentation annuelle, qui avait été de 40 à 50 millions dans les années précédentes, s'élève à 106 millions pour réparer le temps perdu; l'année suivante à 75, puis à 26 et à 39 millions, ce qui donne 1 milliard 59 millions en 1857, et 1 milliard 98 millions en 1858, l'année qui suivit la crise et pendant laquelle toutes les branches du revenu, à l'exception du produit des douanes, présentèrent le maximum des recettes. Malgré un peu de gêne qui accompagnait le ralentissement, l'incertitude des affaires, l'impulsion donnée avait été telle, que le résultat dépassa ce qu'on aurait pu attendre d'une année heureuse. L'année suivante, de 1 milliard 98 millions, ils arrivent avec peine à 1 milliard 101 millions, chiffre maximum.

L'augmentation, pendant la période antérieure de 1837 à 1846, avait été de 200 millions en neuf années. De 1846 à 1859, en treize années, elle s'élève à 274 millions; malgré l'immense développement industriel de nos jours, le mouvement n'a pas été beaucoup plus rapide.

En 1860, la perception se trouve réduite à 1 milliard 73 millions; mais elle était prévue. On s'y attendait par suite de la réduction du droit sur les sucres, que l'on essaye de compenser par la surélévation du droit sur les alcools et les tabacs, sans y réussir. En 1861, malgré la grande augmentation de l'impôt des boissons (alcools) et des tabacs, les revenus indirects ne dépassent pas 1 milliard 99 millions. Le revenu des douanes, par suite de la suppression des droits sur les matières premières et de quelques modifications au tarif, de 111 millions tombe à 68. Les sucres, fortement dégrevés en 1859, laissent un déficit de 55 à 58 millions; cependant la perception n'est que de 2 millions inférieure au maximum de 1858 (1 milliard 101 millions et 1 milliard 99 millions). Avec les anciens droits, sans parler des nouveaux (32 millions sur les alcools, 32 millions sur les tabacs), elle aurait été égale, sinon supérieure, aux plus belles années.

Comment prouver mieux combien peu la liquidation, en 1858, a été profonde, puisque les salaires et, par suite, la consommation n'ont pas paru en ressentir les effets; déjà, en 1859, la progression s'arrête; le maximum fléchit en 1860; il est vrai que les dégrèvements en sont la cause; mais, s'il y avait encore l'élasticité des années précédentes, la baisse du prix des produits, si sensible sur les sucres, aurait dû, en répandant la consommation, combler en partie le déficit. Il a fallu aggraver d'anciens impôts (alcools et tabacs), et nous ne sommes pas encore revenus aux fécondes années, 1857-1858, au point de vue fiscal du moins. Les augmentations normales et régulières de 30 à 40, même 100 millions, ont disparu. Les moyens de circulation, qui produisent partout de si grands bienfaits, ont été très-favorables à la richesse publique. La hausse des prix, suivie de la hausse des salaires, a fait descendre la consommation dans des couches de la population qui, jusqu'ici, vivaient d'une manière plus simple et plus modeste; ce sont les agglomérations ouvrières des grandes villes, de Paris en particulier, qui ont acquitté le plus fort tribut sur les boissons et les tabacs, et, au point de vue moral, il y aurait quelque chose à dire; mais ici nous devons nous borner à faire observer qu'il ne faut pas attendre un développement continu des recettes indirectes, sans un temps d'arrêt, pour leur permettre de reprendre avec une vigueur nouvelle.

Enregistrement.

Les droits perçus pour l'enregistrement sont beaucoup plus variables.

De 114 millions	à	102 millions		(1813-1814).
102	—	116	—	(1815-1817).
106	—	143	—	(1818-1829).
134	—	205	—	(1831-1847).
205	—	155	—	(1847-1848).
155	—	245	—	(1848-1856).
240	—	278	—	(1857-1860).

Le maximum s'observe dans l'année où la crise éclate, ou celle qui la précède : de 1847 à 1848, ils diminuent de 50 millions, se relèvent dans les années suivantes, et atteignent le chiffre de 243 millions en 1856, baissent à 240 en 1857, puis reprennent à 262 en 1858, et enfin, en y comprenant les droits de greffe, dépassent 300 millions en 1860.

Douanes. — Importations.

Le maximum se rencontre dans les années prospères, le minimum dans les années qui suivent les crises; le maximum de la dernière période, 118 millions (1855), dépasse de 13 millions celui de 1845, période antérieure. Les recettes baissent à 116 millions en 1856, à 110 en 1857, 107 en 1858; après une reprise à peine sensible, en 1859, elles descendent, par suite de la réforme du tarif, à 68 millions en 1861.

Boissons.

Le maximum du droit perçu sur les boissons s'observe dans les années prospères, la consommation dans les années de crise est bien plus influencée que celle des tabacs.

De 59 millions en 1816, les droits perçus s'élèvent à 105 millions en 1825, baissent à 100 en 1826, se relèvent à 106 en 1828. La révolution de 1830 les précipite à 63, puis ils se développent lentement, mais sans arrêt, jusqu'à 103 millions en 1846. La crise de 1847-1848 les abaisse à 90 millions; depuis ce moment, ils suivent une progression rapide jusqu'à 195 millions en 1861, — la crise de 1857 n'ayant pas même laissé de traces. La guerre d'Orient seule, en 1854 et la maladie de la vigne, ayant produit une légère dépression de 115 à 107 millions.

Tabacs.

Les droits perçus sur les tabacs, de 55 millions en 1816 s'élèvent à 67 millions en 1825 et 1826, baissent à 66 en 1827, puis, après quelques oscillations, entre 66 et 67 millions; à partir de 1833, s'élèvent, par une progression continue, jusqu'à 117 millions en 1847. La crise et la révolution de février les abaissent seulement d'un million, de 117 à 116, puis le mouvement reprend, sans un seul arrêt, jusqu'à 215 millions en 1861. — En 1856 et 1857, l'augmentation annuelle fut de 11 et de 10 millions (chiffre maximum). En 1860 et 1861, une aggravation de la taxe de un cinquième ne maintient pas l'accroissement du droit perçu que l'on pouvait attendre. La consommation ayant diminué, la recette dépasse seulement de 21 millions celle de l'année précédente, tandis que le nouvel impôt seul, le débit restant le même, aurait dû donner une plus-value de 35 à 38 millions.

Sucres.

Depuis le moment où la fabrication du sucre indigène fut soumise à l'impôt d'une manière sérieuse, malgré de nombreuses réclamations, en 1845, les recettes se développèrent rapidement, de 11 millions à 17 en 1846, 23 en 1847.

La crise et la révolution passent sans les réduire, et la production, favorisée par la perturbation du travail des colonies à la suite de l'émancipation, s'étend assez pour acquitter au Trésor 33 millions en 1851. Le travail s'étant peu à peu réorganisé dans les colonies, où le défaut d'espace ne permettait pas au nègre de reprendre une vie vagabonde, et l'introduction toujours croissante du sucre étranger fait tomber les droits perçus à 30 millions en 1855. La maladie de la vigne et la cherté des alcools donnent un nouvel élan à la culture de la betterave, et le fisc perçoit 48 millions en 1856, et enfin 67 en 1858; en 1859, il y a déjà une diminution de 7 millions, et en 1860, après l'abaissement du droit, la recette tombe à 37, et 30 millions en 1861.

Pour le sucre des colonies, la perception varie de 33 à 41 millions (1840-1847). L'émancipation des esclaves, en 1848, l'abaisse tout à coup à 22 millions; elle se relève, en 1849, jusqu'à 30 millions, pour s'affaisser à 20, en 1850; alors la progression croissante commence et continue parallèlement et même plus rapide que pour le sucre indigène. De 20 millions la recette s'élève à 40 (1851-1856): après une faible dépression, à 36 millions en 1857, elle remonte à 51 millions en 1858; comme pour le sucre indigène, c'est le chiffre maximum. Depuis ce moment, subissant les mêmes influences, elle fléchit toujours jusqu'à 27 millions en 1861.

L'entrée du sucre étranger était pour ainsi dire nulle de 1840 à 1847. La perception, qui variait de 1 à 11 millions, fut réduite cependant à 7 en 1848. Mais, à peine les droits furent-ils abaissés en 1849, elle double, de 7 à 14 millions. L'accroissement continue jusqu'à 35 millions en 1855, égalant déjà presque le revenu du sucre des colonies, dépassant celui du sucre indigène. Le développement donné à la culture de la betterave, en 1856, pour combler le déficit des alcools, ce qui augmente de 18 millions la recette du sucre indigène, réduit d'autant celle du sucre étranger. Elle se relève cependant l'année suivante, et le chiffre de 34 millions reparaît en 1859. La réduction des droits la ramène à 20 millions la première année; mais, au lieu de faiblir comme pour les deux autres sucres, elle donne 25 millions en 1861.

De 1848 à 1861, des aggravations et des dégrèvements dans les taxes ont eu lieu; tous comptes faits, les impôts créés ont donné 146 millions, les impôts supprimés auraient donné 98 millions, l'augmentation nette des charges est de 48 millions. Nous ne pouvons nous étendre sur ce sujet sans entrer dans des développements que cet aperçu ne comporte pas. Nous nous bornerons à remarquer que l'élévation des taxes de 1855 à 1857 avait pour but de solder l'intérêt des emprunts de la guerre d'Orient, résultat obtenu, en portant les revenus indirects de 958 millions à 1,098 (1855-1858). En 1859 et en 1860 on a voulu compenser les dégrèvements sur les sucres et les matières premières par l'augmentation des droits sur les alcools et les tabacs, sans pouvoir combler le déficit, malgré l'élasticité de ces deux articles, dont les produits augmentent toujours sans être touchés, pour ainsi dire, par les crises et les révolutions.

De 1846 à 1858, quatre articles seulement : l'enregistrement (57 millions), les sucres (79 millions), les boissons (63 millions), les tabacs (60 millions), donnent une somme de 259 millions sur une augmentation totale de 271 millions.

En 1861, les mêmes articles maintiennent une partie de l'augmentation, mais ce sont les surtaxes des boissons et des tabacs qui rétablissent en partie la balance.

AUGMENTATION DES CONTRIBUTIONS INDIRECTES DE 1846 A 1858 ET 1861.

Enregistrement. . .	57,000,000	73,000,000
Sucre.	79,000,000	11,000,000
Boissons.	63,000,000	92,000,000
Tabacs.	60,000,000	98,000,000
Total. . . .	259,000,000	274,000,000

Ce n'est plus l'accroissement naturel de la consommation comme dans les années précédentes, la plus-value des impôts est due, pour une bonne part, à l'aggravation des taxes que le public paye sur certains produits, les boissons et les tabacs, en échange du dégrèvement des sucres et des matières premières (coton, laine, etc.).

Découverts et avances du Trésor.

Enfin nous mettrons en présence les découverts et avances du Trésor, la dette flottante, les bons du Trésor, le cours des fonds publics, qui nous présenteront les mêmes fluctuations que les escomptes.

TABLEAU DES ESCOMPTES ET AVANCES AU TRÉSOR.

1799 à 1804.	1805 à 1810.	1811 à 1813.	1814 à 1818.	1819 à 1826.	1826 à 1830.	1848 à 1850.
Millions	Millions	Millions	Millions	Millions	Millions	Millions
22	2	2	62	66	40	100
274	71	545	184	357	291	160
2	49	62	66	40	20	»

Les avances et les escomptes au Trésor présentent aussi leur maximum dans les années de crise.

Les découverts du Trésor, de 160 millions (1831) s'élèvent à 337 en 1837, s'abaissent de 256 en 1841, remontent à 580 en 1848, sont réduits à 227 en 1849, pour atteindre 965 millions en 1856 et en 1857. Après chaque consolidation, ils se relèvent plus haut, jusqu'à ce qu'une crise éclate, ce qui ne manque jamais.

La dette flottante, les bons du Trésor suivent la même marche.

L'émission des bons du Trésor, qui n'avait jamais dépassé 178 millions aux moments les plus critiques de la monarchie de juillet, s'élève à 284 millions en 1848. Depuis 1853, la somme atteint rapidement 348 millions, et enfin 361 millions en 1858. Les emprunts faits à ces diverses époques ne peuvent pas la ramener au-dessous de 240 millions.

Une nation qui possède de pareilles ressources peut beaucoup entreprendre, et, on pourrait le croire, sans grever l'avenir et sans s'endetter. Malheureusement, si les recettes ont été extraordinaires, les dépenses ont su les absorber et les devancer d'un pas beaucoup plus rapide. Comme les particuliers qui ont recours aux prêts sur hypothèque, l'État s'est reposé sur l'avenir du soin de régler sa dette; son échéance indéterminée permet, par des moyens de crédit et de trésorerie, d'y faire face en attendant : puisse le moment être favorable quand on voudra apurer les comptes et ne pas laisser la seule ressource des expédients, plus ou moins honnêtes ou onéreux, comme par le passé! La dette flottante, de 252 millions en 1830, s'est élevée à 604 millions en 1845, un emprunt la réduit à 428 millions. Les découverts, de 160 millions, atteignent 498 millions aux mêmes époques, et, par la consolidation d'une partie, se trouvent réduits à 398 millions. Mais la dette flottante et les découverts se trouvent portés à 630 et à 580 millions, par suite de la crise de 1847 et de la liquidation désastreuse de 1848. Il faut encore consolider au cours du jour, et Dieu sait à quel taux! on réduit la dette flottante et le découvert à 318 et 227 millions. On pensait, instruits par le passé, ne pas recommencer une aussi dure expérience; mais, dès 1853, le maximum de 1848 était dépassé. La dette flottante et le découvert s'élèvent ainsi jusqu'à 895 et 965 millions en 1857, malgré les emprunts de la guerre d'Orient; tout est englouti. Les embarras du Trésor coïncident avec ceux du commerce, tant il est vrai que tout est solidaire ici-bas. En 1858 et 1859, il y a un repos, une diminution des découverts du Trésor jusqu'à 739 millions en 1860; mais la dette flottante, après être un moment descendue à 847 millions (1859), grossit à 921 millions en 1860; nous voici, comme pour tout le reste, aussi arrivé au maximum; peut-on aller au delà sans d'abord reculer? Si l'on tient compte du passé, cela ne paraît pas probable, et tout s'enchaîne si bien, que l'on peut dire que ce n'est pas possible : le ministre lui-même, dans sa lettre à l'Empereur, est de cet avis (novembre 1861).

Fonds publics.

La baisse des fonds publics, en dehors des crises, se

remarque en 1823 (guerre d'Espagne), elle ne dure pas : de 75 fr. 50 c., dès l'année suivante ils étaient remontés à 104 fr. 80 c.

En juillet 1840, la question d'Orient les précipite de 86 fr. 70 c. à 65 fr. 25 c.; mais, dès le mois de novembre, la panique passée, la crainte de la guerre disparue, ils remontent à 80 fr. En 1854, la guerre d'Orient les fait encore descendre de 86 fr. 75 c. à 61 fr. 35 c. (avril 1854); mais, la guerre engagée, malgré la crainte de l'avenir et un emprunt de 250 millions à 65 fr. 25 c., ils se relèvent de suite jusqu'à 75 fr. (juin 1854). Ils recommencent à baisser à la fin de 1856, la paix conclue et rétablie, alors que la crise se fait sentir (66 fr., septembre).

Pendant la demi-liquidation ils se relèvent à 75 fr. 15 c. La guerre d'Italie les précipite à 60 fr. 50 c. (le plus bas cours depuis 1848). La paix de Villafranca les ramène vers 71 fr. 50 c. : mais l'élévation du taux de l'escompte, en octobre 1861, les abaisse encore à 67 fr. 70 c.

Arrivé au terme de cette étude, on ne peut s'empêcher de remarquer la succession régulière des périodes heureuses et malheureuses, traversées par la population française depuis le commencement de ce siècle, tantôt s'élevant à un degré de prospérité inouï pour être précipitée dans les abîmes des révolutions, tantôt sortant de ces abîmes pour atteindre un développement industriel et un accroissement de richesses inespérés.

Les moyens si simples employés par la Providence pour produire de si grands résultats confondent l'imagination, quand on compare la grandeur des effets à la petitesse des causes.

Une insuffisance de la récolte, augmentant les embarras du commerce et de l'industrie à la suite de l'exagération et de l'impulsion qui leur avaient été données, détermine une crise souvent suivie d'une révolution, et terminée par une guerre générale ou une grande épidémie. Tout s'arrête pour un temps, le corps social paraît paralysé, mais ce n'est qu'une torpeur passagère, prélude de plus belles destinées. En un mot, c'est une liquidation générale. Il ne faut donc jamais désespérer ni trop espérer de son pays, se rappelant sans cesse que la plus grande prospérité et la plus grande misère sont sœurs, et se succèdent toujours. C'est ce que nous voulions montrer par ce travail, heureux si nous avons laissé entrevoir notre but.

FIN

TABLE DES MATIÈRES

PARIS. — IMP. SIMON RAÇON ET COMP., RUE D'ERFURTH, 1.

PUBLICATIONS NOUVELLES DE LA LIBRAIRIE GUILLAUMIN

BACQUÈS (H.). **Les Douanes françaises.** Essai historique. 2 édition. 1 vol. grand in-18. . . . . 2 fr. 50

BLOCK (M.) ET GUILLAUMIN. Annuaire de l'Économie politique et de la Statistique pour 1862. (19e année.) 1 fort vol. in-18. . . . . 5 fr.

CHERBULIEZ (E. L.). Précis de la science économique et de ses principales applications. 2 vol. in-8. . . . . 15 fr.

CLAVÉ (J.) Études sur l'économie forestière. 1 vol. grand in-18. . . 3 fr. 50

CONSTANT (BENJAMIN). Cours de politique constitutionnelle, revu, annoté et précédé d'une Introduction, par M. E. LABOULAYE, de l'Institut. 2 vol. in-8. 15 fr.

COURCELLE SENEUIL. Études sur la Science sociale. 1 vol. in-8. 7 fr. 50

DARWIN (CH.) De l'origine des espèces, ou des lois du progrès chez les êtres organisés, traduit par Mlle CLEMENCE-AUG. ROYER. 1 fort vol. grand in-18.. 5 fr.

GARNIER (JOSEPH). Traité de Finances. 2e édition, 1 très-fort volume grand in-18. . . . . 5 fr. 50

KLUBER (J. L.) Droit des Gens moderne de l'Europe. Nouv. édit., revue, annotée et complétée, par M. OTT. 1 beau vol. in-8 . . . . 7 fr. 50

— LE MÊME OUVRAGE. 1 vol. grand in-18. . . . . 4 fr. 50

LEGOYT. L'Émigration européenne, son importance, ses causes et ses effets. 1 vol. grand in-8. . . . . 6 fr.

MASSÉ (G.) Le Droit commercial dans ses rapports avec le droit des gens et le droit civil, 2e édition, revue et augmentée. 4 volumes in-8. Les deux premiers sont en vente. — Prix. . . . . 16 fr.

MILL (J. STUART). Le Gouvernement représentatif, traduit et précédé d'une introduction par M. DUPONT-WHITE. 1 vol. in-8. . . . . 5 fr.

— LE MÊME OUVRAGE. 1 vol. grand in-18. . . . . 3 fr. 50

— **La Liberté,** traduit par LE MÊME. 1 vol. grand in-18. . . . . 3 fr.

MODESTE (VICTOR). De la cherté des grains et des préjugés populaires qui déterminent des violences dans les temps de disette. 3e édition, refondue et augmentée. 1 vol. grand in-18. . . . . 3 fr.

PASSY (FR.) Leçons d'Économie politique, faites à Montpellier. 2e édition. 2 vol. in-8. . . . . 10 fr.

REY (J. A.). Les crises et le crédit. 1 vol. in-8. . . . . 2 fr.

ROYER (Mlle CL.-AUG.). Théorie de l'impôt, ou la dîme sociale. 2 volumes in-8. . . . . 10 fr.

OUVRAGES SOUS PRESSE

BOITEAU (PAUL). Les Traités de commerce. Texte, histoire et pratique de tous les Traités de commerce, etc. 1 fort vol. in-8. . . . . . . 7 fr. 50

CAUCHY. Le Droit maritime considéré dans ses origines et dans ses rapports avec le progrès de la civilisation. 2 vol. in-8. . . . . . . 15 fr.

DUVAL (JULES). Histoire de l'Émigration européenne, asiatique et africaine ; ses causes, ses caractères et ses effets. 1 vol. in-8. . . . . 7 fr. 50

DE PARIEU (ESQ. DE), membre de l'Institut, vice-président du Conseil d'État. **Traité des impôts** considérés sous le rapport historique et politique tant en France qu'à l'étranger. 3 vol. in-8. . . . . 22 fr. 50

www.ingramcontent.com/pod-product-compliance
Lightning Source LLC
Chambersburg PA
CBHW070301200326
41518CB00010B/1851

* 9 7 8 2 0 1 2 5 3 6 1 8 0 *